Mademoiselle Miss et autres histoires

Henri Harland

Writat

Cette édition parue en 2023

ISBN : 9789358812732

Publié par
Writat
email : info@writat.com

Contenu

Mlle MADEMOISELLE

" *Mais que diable allait-elle faire en cette galère ?* »

Paris est aujourd'hui la ville la plus sombre de la chrétienté , bien qu'il fasse un beau jour d'avril, que la brise soit pleine de douceur et que les rues soient gaies de monde, et que le Quartier Latin soit l'endroit le plus ennuyeux de Paris. : Mademoiselle Miss est partie hier soir pour l'Angleterre.

Nous savons tous ce que c'est lorsqu'une personne qui a exercé un intérêt absorbant dans nos vies s'en va soudainement : comment, outre la douleur immédiate de la séparation et la douleur qui suit de manquer plus ou moins consciemment le fugitif, il y a un un monde souterrain d'émotion vaste, complexe et sombre, qui peut être comparé à la basse profonde d'un air triste, et qui semble en quelque sorte se rapporter à l'univers extérieur tout entier. Le soleil se lève comme d'habitude, mais la lumière du soleil n'est pas la même. D'autres, apparemment indifférents, poursuivent leur voie habituelle ; mais nous sommes vaguement surpris qu'il en soit ainsi , surpris, attristés et un peu irrités. Nous ne pouvons pas réaliser sans effort à quel point ils sont complètement exempts de la perte qui nous est arrivée ; et nous sentons obscurément que leur air d'indifférence est soit une pure fanfaronnade, soit un symptôme d'insensibilité morale. La vérité est, bien sûr, que notre ami qui s'en va a emporté avec lui non seulement son corps et ses bagages particuliers, mais un élément de la terre et du ciel. et une fibre de nous-mêmes. Tout est subtilement, incommunicablement modifié. Nous nous réveillons avec un horizon changé : et notre désarroi n'en est pas moins vif car le changeling présente une ressemblance formelle avec l'original disparu.

Donc! Mademoiselle Miss est partie en Angleterre ; et aujourd'hui, c'est un Paris nouveau, inconnu et des plus lugubres, qui se trouve confronté au petit groupe de fidèles qu'elle a laissé derrière elle. En effet, c'était déjà un nouveau Paris dans lequel la demi- douzaine d'entre nous qui nous étions rassemblés à Saint-Lazare pour l'accompagner, sommes sortis de la gare hier soir, après le départ de son train. Nous lui avons trouvé une place d'angle dans un compartiment de troisième classe réservé aux dames seules ; et pendant que certains d'entre nous s'occupaient de l'enregistrement de sa boîte, d'autres mettaient ses légers bagages dans le porte-bagages au-dessus de sa tête ; et cet homme avait apporté un bouquet de violettes, et celui-là un livre à lire ; et Jean apporta une bouteille de bordeaux, et Jacques une serviette pleine de sandwichs : et en somme, nous étions la petite fête la plus triste qu'on puisse facilement concevoir, malgré nos tentatives spasmodiques de gaieté. Nous nous regroupâmes autour de la fenêtre de sa voiture, arrêtant ainsi le passage, bien que non intentionnellement, pour les autres dames solitaires qui voudraient entrer, tandis que Miss nous souriait avec des yeux dangereusement brillants ; et nous cherchions à défier la douleur qui était dans notre cœur, en lançant de petites questions et injonctions vives, ou de petites plaisanteries avortées.

« Bien sûr que vous avez bien votre billet ? »

« Il faut se précipiter pour trouver un poste d'amarrage dès qu'on arrive à Dieppe. »

« Attention, écrivez dès votre arrivée. »

« Oh, nous aurons de ses nouvelles par Don Antonio. » — Cela se voulait facétieux, et nous avons tous ri, quoique un peu faiblement : Don Antonio étant un vieux modèle italien que Miss avait beaucoup peint, et entre qui et elle-même y aurait eu lieu avec humour un flirt désespéré.

Cependant, nous tombions constamment dans le silence ; et pendant les cinq dernières minutes, nous n'avons presque pas parlé. Nous avons simplement attendu là, évoluant avec inquiétude entre nous, et l'avons regardée. Elle n'arrêtait pas de nous sourire ; mais c'était un sourire triste, et nous pouvions facilement voir que les larmes n'étaient pas loin derrière. Puis soudain une cloche sonna ; les fonctionnaires criaient « *En voiture* » ; il y eut une volée d'adieux, une confusion de poignées de main ; le moteur hurlait ; son bras était passé par la fenêtre ; le train bougeait ; et Miss était partie.

Nous nous attardâmes un moment sur le quai, regardant bêtement la lampe rouge au bout du dernier wagon, tandis qu'elle devenait de plus en plus faible au loin.

À ce moment-là, quelqu'un s'est suffisamment ressaisi pour dire : « Eh bien, allez. »

Et nous sommes sortis de la gare dans un Paris vide et étrange. Aubémont (Adolphe) tenait franchement son mouchoir devant ses yeux ; mais nous, les Anglo-Saxons, l' avons réprimandé et plaisanté jusqu'à ce qu'il le mette hors de vue.

« Par Christophe ! quand je pense à la façon dont nous avons traité cette fille au début ! s'écria Chalks, un Américain dont le nom profane est Charles K. Smith, mais il est appelé Chalks par tous ses collègues artisans anglophones.

Pourquoi ... " Oh, tais-toi !" est venu en chœur de la part du reste d'entre nous. Nous ne nous souciions pas de nous rappeler ce bon vieux temps.

Alors le petit Schaas-Keym , le Hollandais, proposa que nous finissions la soirée et courions l'oubli au Galurin. Cassé : et nous avons adopté sa suggestion, et avons bu de la bière, fumé, bavardé et mangé du bœuf froid et des cornichons, jusqu'à ce que l'endroit soit fermé, à 2 heures du matin, lorsque nous sommes revenus au Quartier, six dans un seul fiacre.

ainsi réussi à nous épuiser cette nuit avec un confort suffisant. Nous ne nous sommes donnés ni le temps, ni l'occasion de réfléchir. Nous nous sommes tenus ensemble et avons noyé notre chagrin dans le bruit que nous faisions. Et puis, au moment où nous nous sommes séparés, nous avions sommeil, si bien que nous avons pu aller directement au lit et tout oublier.

Mais... ce matin !

C'est proverbialement le lendemain matin que la blessure d'un homme commence à faire mal. Pour les autres, n'en ayant vu aucun, je ne peux parler que par déduction : le matin notre petit *cénacle* se disperse aux quatre coins de la ville, pour ne se réunir qu'à l'heure du dîner ; mais quelle raison y a-t-il de douter que le jour les aura traités à peu près comme il m'a traité ? Et oh, c'est une journée de printemps lasse, morne et lumineuse ! Le Luxembourg est parfumé par les arbres en herbe et bruyant par un demi-millier d'enfants qui s'ébattent ; la Boule- Miche est la plus animée, avec un flux et un reflux incessants de jeunes hommes et femmes rieurs ; la *terrasse* de la Vachette est un amas de hauts-de-forme rutilants et de bonnets féminins exhibés ; et le ciel au-dessus n'est qu'une voûte bleue et lisse, et le soleil est partout, une fumée d'or : mais l'éclat et la joie de tout cela ont disparu. Tournez où je veux, je retrouve le même horrible sentiment de vide. Les rues sont désertes, malgré la foule : j'entends mes pas solitaires résonner horriblement à travers elles. Paris est comme Pompéi.

Après le déjeuner, pensant obtenir du soulagement en fuyant le Quartier (où chaque bâton et chaque pierre bénis a avec lui son association douce-amère), j'ai traversé la rivière, mêlé à la foule du Boulevard, m'assis un moment au Café de la Paix . Mais les choses n'allaient pas du tout mieux. Le soleil brillait avec le même éclat triste ; l'air vous touchait avec la même caresse légère et inconfortable ; les rires des voyageurs avaient le même son creux. Un fléau s'était abattu sur l'homme et la nature. Je suis revenu à la rue Racine et à ses fantômes.

Cette exclamation de Smith la nuit dernière, à laquelle nous criions tous tabou, a vraiment touché l'un des points saillants du poste : quand je pense à la façon dont nous l'avons traitée au début ! Des circonstances atténuantes pourraient sans doute être invoquées en notre faveur. Il était tout à fait naturel que nous l'ayons traitée ainsi, si la tradition et les conventions peuvent rendre les choses naturelles — s'il est naturel que des hommes regardent une femme dans une voiture fumante, par exemple. Et en plus, elle a eu sa revanche. D'ailleurs, elle n'a jamais eu conscience de nos offenses ; mais elle s'est vengée, si nous nous voyons un à un nous prosterner à ses pieds, humbles adorateurs, serviteurs avides, si cela peut constituer une vengeance.

Et puis, on nous dit, même si nos péchés sont aussi rouges que l'écarlate, si nous nous repentons vraiment, ils seront lavés aussi blancs que la neige : et nous nous sommes repentis, Dieu sait à quel point. Tout de même, le pardon sans oubli n'étant qu'un timbre de Guinée sans or, j'aimerais pouvoir oublier la façon dont nous l'avons traitée au début.

On est jugé par la compagnie qu'on fréquente ; et elle a gardé... la nôtre. Cela fait maintenant environ neuf mois qu'elle y figurait, à l'Hôtel de l'. céan et de Shakespere , rue Racine. Nous étions juste assez hâtifs, assez inobservateurs, assez bruts de perception, pour la juger en conséquence, pour considérer comme acquis, d'une manière désinvolte et évidente, qu'elle serait un récipient d'argile semblable à la nôtre.

L'entrée de l'Hôtel de l'. céan et de Shakespere , une entrée étroite, sombre et à l'aspect ambigu, est flanquée de deux enseignes en tôle. Celui de droite dit : « *Chambres ci Cabinets Meublés* », celui de gauche : « *Pension de Famille* ». Appelez cela une *Pension de Famille* , si vous voulez : à l'époque où Mademoiselle Miss arriva parmi nous, nous étions, pour parler franchement, la famille la plus malhonnête de l'Europe.

Notre patronne, Mme Bourdon, était une vieille toulousaine gélatineuse, aux yeux bleus voilés, au teint marbré, au sourire mondain, au cœur indulgent et à l'accent extrêmement nasillard. Je parle d'elle comme vieille ; mais elle n'était apparemment pas assez vieille pour en savoir plus. En tout cas, elle avait un certain *abbé sans bénéfice* qui pendait perpétuellement aux cordons de son tablier, et elle le faisait dîner une demi-douzaine de soirs par semaine. Parmi ses pensionnaires, tous les hommes étaient étudiants, toutes les femmes *étudiantes* , ce qui, interprété, signifie aussi, je suppose, étudiants. Il y avait Mesdames Germaine, Fifine , Olga, Yvonne, Zélie et Lucile,...

« *Dont les noms sont six douces symphonies* », et peut-être était-ce parce que Lucile était sa nièce que Madame avait surnommé sa boutique une *pension de famille* . Vous avez payé tellement cher votre chambre et votre service, et vous pouviez alors prendre la table d'hôte ou non, comme vous l'aviez choisi. La plupart d'entre nous le prenaient, parce que ce n'était que cinquante francs par mois, *vin compris* . Nos dames dînaient beaucoup à l'étranger, en quantités inconstantes, selon l'usage de leur sexe ; mais les hommes étaient presque toujours présents en grand nombre. Nous en comptions sept : Chalks, Schaas-Keym , Aubêmont , Jeanselme , Campbell, Norton et moi. Nous formions une sorte de corporation unie, fondée sur une communauté de goûts, d'intérêts et de circonstances. Nous étions tous des « arts », sauf Jeanselme , qui était un « mine », avec une tendance désordonnée à éclater en vers : nous étions tous ridiculement pauvres, et nous aimions tous bohêmer Paris d'un bout à l'autre.

Un soir de septembre de l'année dernière, en entrant dans notre *salle-à-manger*, nous avons aperçu un étranger qui s'ajoutait à nos rangs ; et Madame, d'un geste complet, nous la présenta en ces termes : « *Une nouvelle, une anglaise, Mees,...* » Puis elle fit un horrible hachis d'un nom anglais assez interminable : et nous nous contentâmes d'accepter le la nouvelle venue simplement sous le nom de Miss. Le concierge et les domestiques, cependant (pour anticiper un peu), traitaient Miss comme un *petit-nom*, comme Jane ou Susan, et préfixaient le titre de Mademoiselle. Le pléonasme parut heureux, et nous l'acceptâmes : Mademoiselle Miss. Sur sa carte de visite, la légende disait : « Miss Edith Thorowether ». Il était probablement préférable, dans l'ensemble, que les lèvres françaises n'abordent pas trop souvent ce sujet.

Or, si elle avait été simple, ou âgée, ou contrainte dans son attitude, ou d'apparence méchante, nous aurions sans doute immédiatement senti la différence entre elle et nous, et compris sa présence parmi nous comme simplement le signe extérieur et visible de quelque chose. erreur intérieure et spirituelle. Mais il se trouvait qu'elle était jeune et distinctement jolie ; et elle paraissait tout à fait à son aise ; et elle a souri gracieusement en reconnaissance des hochements de tête quelque peu superficiels avec lesquels nous l' avons favorisée . Nous n'avions ni l'esprit ni l'intuition nécessaires pour reconnaître son aisance pour l'aisance de l'innocence ; et notre hôtel était une boîte *tellement risquée ;* et les dames d'origine anglaise ou américaine n'étaient pas une nouveauté particulière dans le quartier ; et nous n'avons pas pris le temps d'examiner celui-ci d'un œil critique, ou de le considérer ; et ainsi les choses se sont déroulées d'une manière dont nous trouvons maintenant désagréable de nous souvenir. C'était Saül qui s'était égaré par hasard au milieu de nos conseils prophétiques ; et nous l'avons pris pour un membre de notre propre caste prophétique , et avons commencé à nous rabaisser et à nous exprimer de notre manière prophétique habituelle. Heureusement, la connaissance de Saül de notre langue prophétique était limitée. Nous parlions l'argot des boulevards ; tandis que le petit français dont Mademoiselle Miss était maîtresse, elle l'avait appris d' Ollendorf et de Corinne.

La situation s'éclaircit en partie, je ne sais plus combien de temps après, lorsque nous découvrîmes dans sa chambre, où elle nous avait conviés pour une soirée, un exemplaire ancien d'un certain Manuel de Paris, « l'insigne de toute notre tribu » . comme l'appelait le touriste. En ouvrant sa liste d'hôtels (ce que quelqu'un a fait par hasard), nous avons trouvé la note suivante, marquée au crayon : « Hôtel de l' . céan et de Shake-spere, rue Racine, fréquentée principalement par des visiteurs poursuivant des études d'art : bien connue et peu coûteuse. Cela l'expliquait. Mademoiselle Miss s'était confiée à un guide en retard de dix ans : la date sur la page de titre en attestait. Et en dix ans comment était l'Hôtel de l '. céan et de Shake-spere tombés de leur domaine respectable ! — à moins que, il y a dix ans, l'éditeur de ce manuel le plus exemplaire n'ait été terriblement imposé. Dans son édition actuelle, le paragraphe que j'ai cité n'apparaît pas.

Mais revenons au soir de son arrivée. Dans notre *salle-à-manger*, il y avait une division rigide entre les sexes. Les hommes étaient assis d'un côté de la longue table, les femmes de l'autre, avec en tête Madame et son *abbé joue contre bajoue*. C'était le seul arrangement que Madame avait pu prendre pour maintenir entre nous quelque chose qui ressemblait à de l'ordre. Mademoiselle Miss avait un siège assigné entre Zélie et Yvonne, presque en face de Chalks et de moi ; et elle entra sans gêne dans la conversation avec nous quatre. C'est-à-dire qu'elle répondait du mieux qu'elle pouvait, dans son français classique approximatif, et avec une parfaite amabilité, aux remarques que nous lui adressions. Sauf en s'adressant à Madame ou à l' *abbé* , personne n'a jamais pensé à *vous dire* dans notre conseil sans cérémonie ; et Miss n'a montré ni mécontentement ni surprise lorsque nous l'avons incluse dans le *tutu dominant* . Elle avait une voix anglaise calme et douce ; un teint extrêmement délicat, rose pâle se fondant dans le blanc lys (que nous, j'ose dire, supposions être dû à une gestion scientifique du rouge et de la poudre) ; une paire de grands yeux gris ; beaucoup de cheveux brun chaud ondulés; et un visage si lisse de contour, si doux et si fin de texture, qu'on aurait pu la croire n'être qu'une jeune fille de dix-huit ans, — ou vingt tout au plus, — alors qu'en fait, comme nous l'avons appris plus tard, elle était vingt-trois.

Cependant, ce premier soir de son arrivée, si néophyte qu'elle fût, nous l'observâmes sans soins particuliers, ne lui prêtâmes aucune attention particulière, n'éprouvâmes à son égard aucune curiosité particulière. Les dames de la qualité que nous lui attribuions tacitement étaient pour nous une histoire si vieille, si vieille ; la familiarité avait engendré l'apathie ; nous la tenions pour acquise tout comme nous aurions pu tenir pour acquis une augmentation du nombre de chaises dans la pièce. D'ailleurs, une attitude de *nil- admirari* envers toutes choses, et particulièrement envers tout ce qui est nouveau, est la mode du Quartier ; une attitude d'omniscience engourdie, de sophistication lasse du monde. Nous avons tout vu, tout disséqué, nous sommes contentés de nous bourrer de sciure. Nous sommes *fin de siècle* , nous sommes *décadents* et nous sommes anglomanes pour un homme. Par conséquent, manifester de la surprise devant quelque chose, ou plus qu'un intérêt suprêmement langoureux pour quelque chose, est ce que, lorsque nous sommes sur nos gardes, la plupart d'entre nous mourraient plutôt que de faire. Aussi les questions que nous posions à Miss étaient peu nombreuses, décousues, superficielles et ne servaient en rien à corriger notre méconnaissance d'elle ; tandis que, avec les propositions affirmatives que nous avons formulées, elles présupposaient un point de vue et une expérience passée similaires aux nôtres.

Zélie , par exemple, lui demandait sans détour (comme d'un échange à l'autre) : « *Tu cherches un callage , hein ? Sur fais l'indépendante ?* »

Miss eut l'air un peu perplexe, mais répondit timidement : « *Non, pas l'université. Je suis artiste* .

Un ou deux d'entre nous le regardèrent, pensant que cela n'avait aucun sens ; un ou deux souriaient, pensant que cela avait un double sens ; mais la majorité n'y prêta pas attention ; et personne ne s'est arrêté pour considérer la profondeur de l'ignorance (à moins, bien sûr, de l'ignorance de la langue française) que la réponse pourrait indiquer. Je devrais peut-être ajouter que chez nous les demoiselles qui dansent chez Bullier , chantent aux *concerts apéritifs* , ou servent dans les *brasseries-à-femmes* , se font appeler *artistes* .

A la fin du dîner, lorsqu'on apporta ce que Madame Bourdon appelle par euphémisme café, nous éclatâmes tous en grand accord avec une chanson que la coutume séculaire a prescrite pour l'événement et le moment. On n'a jamais droit à ce breuvage à l'Hôtel de l '. céan et de Shakespere , sauf à l'avènement d'un *nouveau* ou d'une *nouvelle* , lorsqu'il est porté à son compte ; et voici le salut avec lequel nous le saluons :

A la recherch ' de la paternité !

Chaforé ?

Accident arrivé

A l'amèr ' Chicorée

Par liaison passagère

' Vec le père

Café.

Papa Café ?

Pas, pas café !

L'amèr ' Chicorée See More est française,

Remplissez de fermier ,

Et pourtant ,— comment donc ,—ell' baise

Cet étranger,

Ce gros Gaillard de Païen

Pacha Café ?

Choquant— hein ?

Et le bébé ,

Chaforé ?

C'reti'n ,—

Baptisé

Une main pleine

D'eau de Seine,

Cet atroce doggerel, avec ses rimes fausses et ses quantités impossibles, ses mauvais jeux de mots et ses suggestions équivoques, nous le chantions d'un bout à l'autre, à tue-tête ; et Mademoiselle Miss écoutait en souriant. Comment pouvions-nous savoir qu'elle n'avait pas la moindre idée de ce dont il s'agissait et que son sourire ne révélait rien de plus profond que le plaisir de notre bonne humeur et l'amusement de notre énergie bruyante ? Peu à peu, elle se leva de table, nous souhaita poliment une bonne soirée et quitta la pièce.

Je crois que c'est le lendemain soir que nous nous sommes donné rendez-vous pour aller chez Bruant , boulevard Rochechouart ; et Zélie , mue par un élan de bonté, se tourna vers Mademoiselle et lui proposa de nous rejoindre. Miss a demandé ce qu'était celui de Bruant ; » et Zélie répondit vaguement : « *Comment, tu ne sais pas ? Tant mieux , alors . Tu vas voir* . » Et Mademoiselle se retira pour mettre son bonnet.

Dieu merci, si sa connaissance du français était faible, sa connaissance du jargon parlé et chanté au Cabaret du Mirliton était nulle. Sinon, elle aurait toujours dû se souvenir de sa visite là-bas avec douleur et humiliation, et elle n'aurait jamais pu nous pardonner de lui avoir permis de faire l'une de nos expéditions . En réalité, cependant, elle est capable de se souvenir de cette occasion comme d'une petite aventure singulièrement joyeuse et ignore totalement le blâme que nous méritons.

Au cri de

« O- là - là ,

C'tte gueule qu'elle a!

avec lequel sont accueillies les dames franchissant le seuil de l'établissement Bruant , Miss se contentait de sourire d'un air hébété, ne rêvant jamais, je suppose, que cela était destiné à elle et à ses compagnes, mais s'imaginant que nous étions entrés au milieu d'un chœur bruyant. Puis, lorsque nous eûmes réservé des places et commandé nos blocs, j'ose dire qu'elle employa quelques minutes à jeter un coup d'œil autour d'elle et à recevoir une impression générale de cette étrange petite pièce, avec ses couleurs sombres, son fouillis abondant d'ornements et de peintures . , sa précieuse vieille cheminée du XVe siècle, son *mirliton* géant suspendu au plafond, ses clients douteux et son improbable commandeur et maître, le bel Aristide à l'air de brigand, avec sa cravate écarlate, ses cavalières vernies et son velours côtelé. knickerbockers : le tout visible à travers une atmosphère rendue opalescente par la lueur des bougies aux prises avec la fumée des cigarettes.

Chez Bruants , comme chacun le sait, il est interdit d'appeler un chat un chat ; vous devez lui trouver un nom plus fort et réserver le «bêche» relativement inoffensif à un outil aussi doux qu'une cuillère à café. C'est l'une des nombreuses méthodes délicates utilisées par Aristide pour certifier son mépris pour les raffinements sournois de la vie moderne ; et en plus, pour des raisons qui ne sont pas évidentes, il trouve ça drôle et s'attend à ce que les gens rient. Ainsi, quand à présent il s'est approché de notre petit groupe d'étudiants en art paisibles, nous frappant les épaules avec une violente camaraderie, il a dû nous saluer comme *mes amis . mufles , mes les cochons , et cetera* ; et nous devions bien sûr nous approuver sans aucun lait en souriant avec ravissement. Puis il baissa la voix et nous dit qu'il était dans une grande détresse.

«Je n'ai pas de piano-banger. Le coupe-monnaie qui s'occupe habituellement de moi m'a fait dire qu'il était en attente. L'un de ces connards ici sait comment frapper les ivoires ? » – chits étant une traduction plutôt libérale du terme qu'il employait.

« Chit-toi ! » s'écria Zélie en plaisantant. « *Vieux chien !* »

"Pouvez-vous jouer du piano?" » demanda Chalks en anglais à Mademoiselle Miss. « Bruant veut que quelqu'un joue ses accompagnements.

«Je peux jouer un peu. Je pourrais essayer, » répondit-elle simplement.

Et Bruant la conduisit à l'instrument, où elle s'assit, dos à la compagnie, et travailla dur pour le divertir, jusqu'à ce qu'au bout d'une heure environ, le pianiste délinquant arrive, apparemment remis de son indisposition, et prenne sa place.

Maintenant, que devions-nous en penser ? Une jeune femme se rendant chez Bruants (il n'y a guère de lieu plus ombragé dans tous les coins ombragés de Bohême), — se rendant chez Bruant pour la première fois de sa vie, se lève hardiment et participe au spectacle ! Comment pourrions-nous pénétrer sous la surface de sa conduite et percevoir le monde de l'innocence, l'inconscience suprême du mal, qui s'y cachait et en expliquait la cause ? Bruant lui-même, à notre grande honte , Aristide, rude, grivois et tapageur, a vu à quoi nous étions aveugles.

« Comment diable en arrive-t *-elle* à se balader avec votre flash mob ? m'a-t-il demandé, dans les pauses d'une de ses chansons ; il se pavane ici et là dans la pièce, tout en chantant, vous savez, et échange des remarques entre parenthèses avec tout le monde. "Vous n'êtes pas des amis dignes d'elle comme elle, *vous autres* , b————, m—————! » – des mots qui mettraient hors d'état de marche n'importe quelle machine à imprimer anglaise.

"Pourquoi pas?" Ai-je demandé docilement.

« Parce que c'est une fille honnête, c'est tout. Elle est tombée parmi des voleurs et je crois qu'elle ne le sait pas. Vous n'auriez pas dû l'amener à une *vente comme* celle-ci.

«Je ne l'ai pas amenée. Elle est venue de son plein gré.

"Eh bien, c'est une erreur ridicule, remarque ce que je te dis." Et il s'en alla en chantant la deuxième strophe de Saint Lazare.

À l'arrivée de son propre pianiste rémunéré, il reconduisit Miss à sa place à notre table, lui fit un grand salut, la remercia dans un discours dont chaque mot aurait pu être trouvé dans le dictionnaire de l'Académie et insista pour qu'elle boive un verre d'alcool. *galopin* de bière avec lui et tintement des verres. Elle rit et rougit beaucoup ; mais il était clair que dans son cœur elle murmurait : « Quel plaisir !

Ensuite, nous sommes allés dîner au Rat Mort. Oui, Dieu nous pardonne, nous avons emmené Mademoiselle Miss souper au Rat Mort !

Une chose, en me remémorant ces premiers jours, je me surprends à remercier perpétuellement nos étoiles, avec une joie l'avers d'une terreur ; et c'est qu'il nous a été miséricordieusement donné de la découvrir avant qu'elle ait eu la chance de faire de même par nous. Autrement, si nous avions persisté un peu plus longtemps dans notre erreur et dans nos manières de parler et de conduite qui en résultent, et si elle était parvenue à comprendre, mon cœur tremble à l'idée de la blessure et de la mortification qu'elle aurait subies, du mépris et de l'horreur. elle a dû ressentir pour nous. Mais, par une chance que nous n'avions certainement rien fait pour mériter, nos yeux se sont ouverts à temps sur ses vraies couleurs ; et nous nous hâtâmes de tourner une nouvelle page avant qu'elle ait pu épeler l'ancienne. Je peux difficilement dire comment tout a commencé. Cela commença probablement par de vagues inquiétudes, de vagues suppositions, qui devinrent peu à peu plus fortes et plus claires, et furent finalement confirmées par les circonstances. Les petites questions qu'elle posait, les petits commentaires qu'elle faisait, les petites choses qu'elle faisait nous paraissaient étranges, désespérées à expliquer, à moins que ce ne soit sur une hypothèse qui paraissait au premier abord un peu trop farfelue, mais peu à peu forcée. elle-même sur nous comme la seule qui conviendrait de quelque manière que ce soit au cas ; l'hypothèse, à savoir, de sa prodigieuse innocence ; qu'en effet, comme Bruant l'avait deviné, sa présence parmi nous était due à quelque idée fausse et absurde ; que, dans sa parfaite santé et honnêteté, elle ne se doutait absolument pas de la corruption qui l'entourait.

Chalks avait l'habitude d'exprimer notre sentiment grandissant en secouant la tête, l'air à moitié sage, à moitié mystifié, et en marmonnant : « Il y a quelque chose d'étrange chez cette fille. Je serai foutu si je parviens à la distinguer.

Un jour par exemple, elle nous a confié qu'elle pensait que Madame Bourdon devait être une personne très religieuse, car elle était toujours avec un curé. Il était clair qu'elle avait formulé cette remarque en toute littéralité et de bonne foi, sans aucune intention ultérieure d'aucune sorte ; et nous, après l'avoir regardé pendant une minute ou deux, y avons réfléchi pendant quinze jours. Il est vrai que la robe noire de Monsieur l'abbé donnait un air méticuleux d'orthodoxie à Madame et à son établissement.

Puis on s'est rendu compte, je ne sais plus comment, qu'elle travaillait chez Julian, en prenant aussi des « journées entières », ce qui signifie neuf ou dix heures de dur labeur dans l'air pestilentiel d'un studio rempli de monde, où chaque fenêtre est fermée et la température oscille entre 80 et 90 degrés Fahrenheit. Pourquoi devrait-elle se briser le dos et s'empoisonner les poumons chez Julian, si... ?

« Il y a quelque chose d'étrange chez elle », a insisté Chalks.

Elle était cependant toujours extrêmement amicale avec les autres dames de notre maison : leur rendait visite dans leurs chambres, les recevait dans la sienne, sortait avec elles, causait avec elles aussi librement que son français le lui permettait ; et cela nous a troublés et a différé notre meilleur jugement. Il était difficile de croire que quelqu'un, aussi candide ou mal instruit dans son langage, puisse côtoyer beaucoup Zélie , Yvonne, Fifine , et ne pas prendre plus ou moins distinctement conscience des particularités de leur tempérament. Si les actes sont plus éloquents que les mots, les manières maîtrisent aujourd'hui sept langues.

Pourtant, un après-midi, dans le jardin du Luxembourg, Mademoiselle me demanda : « Elles sont toutes mariées, ces demoiselles de notre hôtel ?

Je la regardai un moment avec une sorte de stupéfaction. Était-ce son plaisir de plaisanter ? Non, elle avait parlé avec la plus grande sobriété.

"Marié?" J'ai fait écho. "Qu'est-ce qui t'a fait penser qu'ils étaient mariés ?"

« Tout le monde les appelle Madame. Je pensais qu'en français Madame n'était utilisé que pour les femmes mariées, comme Mme chez nous.

Un instinct providentiel en moi me commandait de respecter sa simplicité et de répondre par une tergiversation.

« Oh non, dis-je, pas dans le Quartier Latin, en tout cas. C'est l'usage ici d'appeler toutes les femmes Madame.

"Mais alors," poursuivit-elle avec une logique rapide, "pourquoi m'appelle-t-on Mademoiselle ?"

C'était plutôt un « oner », mais je suis intervenu avec virilité. "Ah, c'est... c'est parce que tu es anglais, tu ne vois pas ?"

"Oh," murmura-t-elle, acceptant apparemment la raison comme suffisante.

Alors j'ai osé la sonder un peu.

« Vous les aimez, vous les trouvez agréables, les filles de l'hôtel ?

"Oui, je les aime", répondit-elle délibérément. « Bien sûr, leurs manières de vivre ne sont pas tout à fait anglaises, n'est-ce pas ? Mais je suppose qu'il faut s'attendre à ce que les filles françaises soient différentes. Ils semblent intelligents et de bonne humeur, et ils ont été très gentils avec moi.

« J'ose dire que vous ne vous comprenez pas toujours ? Je suggère.

"Oh mon Dieu, non. C'est ce qui nous empêche d'être intimes. Le français est si difficile et ils parlent si vite. C'est tout ce que je peux faire pour comprendre les maîtres de l'école, même s'ils parlent très lentement et clairement, car ils savent que je suis anglais. Mais je pense que j'apprends un peu. Je peux comprendre bien plus de choses que lorsque je suis arrivé pour la première fois. Est-ce que toutes les filles françaises fument la cigarette ? Je savais que c'était le cas des Espagnoles et des Russes, mais je ne savais pas que c'était la coutume en France.

"Oui, décidément, me dis-je,

« Craies a raison. Il y a quelque chose de « bizarre » chez elle.

Mais comment concilier la théorie de son « queerness » avec le fait de sa résidence ici seule parmi nous dans le Quartier Latin de Paris ? En supposant qu'il s'agissait d'une jeune Anglaise innocente et bien élevée, comment, au nom de la vraisemblance, avait-elle réussi à s'éloigner à ce point de son orbite naturelle ?

Néanmoins, malgré les difficultés, la théorie a gagné du terrain. Et ce faisant, il était amusant de constater la façon dont les autres filles l'acceptaient. Ils étaient complètement scandalisés, les pauvres chéris. Leur sens des convenances s'emplit d'un étonnement indigné. Tant qu'ils avaient pu considérer Miss, de manière simple et homogène, comme un cas de dépravation totale, un spécimen de la variété britannique de leur propre espèce, ils n'avaient pas ménagé leurs éloges affables à son égard. Elle était *pas mal, très bien, très gentille , très comme il faut* , voire *très chic* . Mais aussitôt le soupçon commença à germer dans leur esprit que peut-être, après tout, les apparences avaient été trompeuses et qu'elle pourrait se révéler un membre entièrement vertical de la société, alors forcément ils durent hocher la tête au-dessus d'elle et crier au feu à ses allées et venues. -sur. Quoi! comment! une respectable femme célibataire, une *demoiselle du monde, une jeune fille bien élévie* , venue seule à Paris, demeure sans chaperon à l'Hôtel de l'Hôtel de l'Hôtel de l'Hôtel de l'Hôtel de l'Hôtel de l'Hôtel de l'Hôtel de l'Hôtel de l'Hôtel de l'Hôtel de l'Hôtel de Paris. céan et de Shakespere , — hob and nob familiers avec vous et moi, — se soumettent à être *tutoyée* par Tom, Dick et Harry ! *Mais , allons donc* , c'était vraiment bien trop éhonté. Et ils ont joué mes dames Steyne et Bareacres contre son inadéquate Rebecca ; ils la regardaient de travers lorsqu'elle entrait dans la chambre, rentraient leurs précieuses jupes lorsqu'ils devaient la croiser, se rassemblaient dans les coins pour discuter d'elle, et étaient enfin profondément et sincèrement choqués. Car ici-bas, il n'y a pas de moralistes plus sévères, pas de plus pointilleux partisans des pruneaux et des prismes du conventionnel, que ces chats nuisibles et inutiles, les Zélie et les Germaines du *Quartier-Latin*.

" *Mai's, enfin , si c'est vrai ,— si elle HNE en fait comme , ça , nest- ce pas,— mais c'est une honte »* , était un de leurs refrains ; et « *Elle manque complètement de pudeur alors* », en était un autre ; auquel le refrain : « *Oh, pour sur !* »

Et la pauvre petite Miss ne pouvait pas comprendre. Remarquant la réserve glaciale et austère avec laquelle ils la rencontraient, sentant leur désapprobation à moitié contenue dans l'atmosphère, elle fouilla vainement sa conscience pour découvrir ce qu'elle aurait pu faire pour les mettre en colère, et fut, pendant un temps, je le crains, extrêmement malheureuse.

Pendant ce temps, nous, les hommes, nous maudissions d'être des imbéciles, ruminions le repentir et essayions de mille manières penaudes et maladroites de nous racheter. Cela aurait été amusant pour un étranger de nous observer ; la déférence avec laquelle nous lui parlions et l'écoutions, l'intérêt que nous prenions à son travail, les infinies petites politesses que nous lui rendions. En fin de compte, les péchés dont nous étions coupables envers elle avaient été principalement métaphysiques ; c'était ce que nous avions pensé, plutôt que ce que nous avions fait. Mais je ne sais pas si notre contrition en était moins aiguë ; nous avions tellement réfléchi. Nous imaginions avoir une sœur à nous dans sa position, et nous conçuons un désir frénétique de frapper la tête des hommes qui auraient osé penser à elle comme nous, avec nonchalance et sans audace, avions pensé à Miss. la plus grande transgression positive était la latitude de parole que nous nous étions accordée à la table d'hôte ; et l'effet de cela était heureusement neutralisé (non merci à nous) par la pauvreté de son français. Mais, bien que notre salut réside dans ces circonstances, je suis loin d'être sûr qu'elles n'aient pas aggravé nos remords. Nous profitions de ses limites, nous réfugiant dans son ignorance ; et cela sentait désagréablement le sournois .

Notre désir de réparation était singulièrement compliqué par la nécessité dans laquelle nous nous trouvions, autant pour elle que pour le nôtre, de l'empêcher jamais de deviner comment (ou même cela) nous avions offensé. Ne pas avouer, c'est se soustraire à la meilleure moitié de l'expiation ; pourtant, dans ce cas, l'aveu était impossible, la dissimulation était impérative. Que si elle avait ne serait-ce qu'une lueur de vérité, cela nous ferait perdre à jamais son estime, c'était une considération, mais insignifiante en pensant à ce que devaient être ses émotions pour réaliser le genre de place qu'elle occupait . récemment organisé dans le nôtre. Non, elle ne doit jamais deviner. Avec la conscience dans nos cœurs que nous avons exercé une sorte de jeu intellectuel sur elle, et dans notre esprit une image vivante de la situation différente dans laquelle les choses se trouveraient si seulement elle le savait, nous devons continuer joyeusement à profiter de ses sourires et de ses bons sentiments. grâces et essayons de donner l'impression que nous sentons que nous les méritons. C'était une hypocrisie flagrante, c'était un jeu de faux-semblants ; mais c'était le choix de Hobson. Nous ne pouvions même pas nous arrêter de parler de toi et de toi, de peur qu'elle ne s'étonne du changement et ne passe de l'étonnement au raisonnement.

« Mais il y a une chose que nous devons faire, dit Chalks : nous devons la faire sortir de ce soi-disant hôtel. Blâmée si je peux deviner comment elle est arrivée ici.

C'était avant que nous trouvions le guide dans sa chambre, bien avant d'entendre son histoire simple, qui expliquait tout.

"Nous avons agi comme une meute de chiens, c'est mon avis", a poursuivi Chalks. "Et maintenant, nous devons nous rendre au bureau du capitaine et nous installer."

Sa rhétorique était confuse, mais j'ose dire que nous avons saisi l'idée.

"Ces derniers temps, nous nous comportons comme une meute de caniches", a ajouté quelqu'un, "la suivant partout, la regardant à ses pieds, la cherchant et la portant."

"Eh bien, et n'aurions-nous pas dû le faire ?" » demanda Chalks. "Y a-t-il un monsieur ici qui n'aime pas ça?"

"Oh non, je n'ai mentionné cette circonstance que comme source d'onction", dit l'orateur.

« Craies a raison. Nous devons la faire sortir de l'hôtel », a convenu Campbell. "Elle ne doit plus être exposée au contact de ces petites bêtes de Mimis ."

"C'est très bien, mais comment allons-nous gérer cela?" » s'enquit Norton. « On ne peut pas lui donner le mot de déménager, sans lui dire pourquoi. Et si je comprends bien, c'est précisément la dernière chose que nous souhaitons faire.

"Nous voulons la sortir de la boue, sans qu'elle sache qu'elle est dedans", a expliqué un autre.

"Oui, c'est là le diable", a admis Chalks. "Mais je vais vous dire quoi", ajouta-t-il d'un air inspiré. « Pourquoi ne pas travailler à partir de l'autre bout ? Débarrassez-vous des Mimis et laissez Miss s'arrêter ?

Cette proposition était si radicale, si révolutionnaire, qu'on avait tendance à l'accueillir avec dérision. Mais Chalks resta fidèle à ses armes. "Comment faire?" il pleure. «Eh bien, boycottez- les . Rendez ce magasin trop chaud pour les retenir . Cultivez l'art d' *être infernalement désagréable* . Ils partiront assez vite. Il n'y aurait alors aucun mal à ce que Miss reste jusqu'à la fin des temps.

« Que va dire Madame ?

« Oh, nous pouvons remplir leurs places avec des gars. J'irai faire du vandalisme parmi les hommes de l'école. Assez facile pour en mettre une demi-douzaine.

« Mais et Lucile ? » Lucile, on s'en souvient, était la nièce de Madame.

"C'est vrai", avoua Chalks, précipité un instant. « Lucile est le problème. Mais je suppose que dans l'ensemble, Lucile devra y aller aussi. Je vais embaucher un homme que je connais et qui veut sa chambre. Madame ne laissera pas le sentiment de famille faire obstacle au commerce. Surtout pas le pilote du ciel, pas lui. Et j'aimerais savoir qui est le patron de cette connerie, sinon Monsieur l'Abbé ? Il n'y a pas d'amour qui traîne entre lui et Lucile, dans l'état actuel des choses. Qu'un homme vienne demander sa chambre, Madame la laissera tomber comme une patate chaude.

Mais du travail nécessaire à la mise en œuvre de tels projets, nous avons été sauvés par un microbe : une souris peut servir un lion. La moitié de notre contingent masculin a succombé à la grippe : et nos dames, y compris Lucile, ont fui le navire incontinent. Ils redoutaient l'infection ; et la maison était aussi mélancolique qu'un hôpital ; et le bruit étant inhibé, ils ne pouvaient pas divertir correctement leurs amis. D'ailleurs, je pense qu'ils étaient assez heureux d'avoir l'occasion d'échapper à la proximité de Miss. Elle avait insufflé un élément d'ozone dans notre atmosphère morale ; leurs systèmes n'y étaient pas habitués ; cela les remplissait d'un vague *malaise* : ils faisaient une pause pour prendre un air plus vicié.

Et c'est de cette crise que Miss est sortie forte. Elle a laissé de côté toutes les affaires et toutes les excuses et s'est constituée notre infirmière.

Toute la journée, et presque toute la nuit aussi, elle était là : voler de pièce en pièce, administrer des médicaments à tel homme, lire à haute voix à tel autre, répandre de l'eucalyptus partout, courir vers le médecin quand quelqu'un semblait avoir pris son tour. pour le pire, bref, en accumulant des charbons ardents sur nos têtes d'une main somptueuse et infatigable. Quand nous nous levions de notre lit de malade, tous les fils de nos mères étaient complètement amoureux d'elle. Depuis ce temps jusqu'à la fin , elle se promena comme une reine avec ses gardes du corps ; et il n'y avait pas un de nous qui n'aurait pas donné sa vie pour lui épargner une douleur au petit doigt ; et nos récompenses étaient ses sourires. Il est à noter qu'elle acceptait notre dévouement avec la même inconscience calme de tout ce qui était extraordinaire qu'elle avait montré autrefois à notre courtoisie douteuse. Elle portait sa couronne et brandissait son doux sceptre comme celle du pourpre, tandis que ses sujets surpassaient les uns les autres en zèle pour lui plaire.

Entre-temps, nous avions appris son histoire antérieure ; nous l'avions reconstitué à partir d'une multitude de petites déclarations fortuites. Son père, il y a environ cinq ans, était mort en faillite ; et elle était allée comme gouvernante dans une famille anglaise à l'extrême ouest de l'Amérique, où ils possédaient un élevage de bétail ; et maintenant elle rentrait chez elle pour chercher de nouveaux fiançailles ; et elle interrompait son pèlerinage par une saison d'art à Paris (elle avait toujours voulu cultiver son don naturel pour la peinture) ; et elle avait choisi l'Hôtel de l '. céan et de Shakespere parce que son guide le recommandait.

Or, Norton avait une sœur mariée à un écuyer du Derbyshire ; et un jour, cette bonne dame a fait une annonce dans le *Times* pour une gouvernante ; et Miss, qui surveillait de telles annonces (allant à la bibliothèque de Neal pour étudier les journaux anglais), était sur le point d'y répondre, lorsque Norton l'interrompit par un « Laissez-moi écrire cette lettre pour vous. Il se trouve que Mme Clere est ma sœur. Bien sûr Mademoiselle a eu la place ; et c'est pour le prendre et commencer ses fonctions qu'elle nous a quittés hier soir.

Je la suis en imagination dans son voyage et j'imagine son arrivée dans la grande maison de campagne respectable et ennuyeuse ; et je me demande si elle regrettera un peu et pensera avec tendresse de temps en temps à l'hôtel de Madame Bourdon et au personnel en haillons de camarades qu'elle a laissé derrière elle ici. Pour le moment, la rue Racine est un vide odieux, et j'ai la nostalgie du Paris d'hier.

LA MARCHE FUNÉRAIRE D'UNE MARIONNETTE

« Elle est morte et n'a point vécu . »

Qui ne connaît la sensation qu'éprouve un homme ordinaire en entrant dans une pièce familière, où, pendant son absence, quelque changement a été apporté : un meuble déplacé, une vieille tenture démontée, un nouveau tableau posé ? ce sentiment d'étrangeté taquin qui, s'il est subordonné aux affaires du moment, persiste pourtant, inconfortablement informe, jusqu'à ce que, par exemple, le génie qui préside le lieu demande : « Comment aimez-vous la façon dont nous avons déplacé le piano ? ou bien quelque chose d'autre se produit et cristallise le simple sentiment vague du patient en une perception ; après quoi son esprit pourra-t-il être à nouveau au repos ?

Quand je me suis réveillé ce matin, ici dans ma propre chambre sombre et meublée, dans ce logement des plus miteux, j'ai vécu une expérience très semblable à celle que je veux suggérer : quelque chose ne semblait pas normal et inhabituel, quelque chose avait changé du jour au lendemain. C'était d'autant plus déroutant que ma porte était restée verrouillée et verrouillée depuis que je m'étais mis au lit ; et *dans* la pièce, après tout, il n'y a pas grand-chose à changer ; seulement le lit lui-même, et l'armoire, et ma table à écrire, et mon lavabo, et mes deux chaises délabrées ; et ceux-ci étaient toujours à leur place. De même que les vieux rideaux verts des fenêtres, le papier vert bilieux sur les murs, le lugubre baldaquin vert au-dessus de ma tête. Néanmoins, un sentiment alléchant de quelque chose de changé, de quelque chose de supprimé, d'un vide inhabituel, me hantait pendant la préparation et la consommation de mon café, et pendant les premières bouffées de ma cigarette. Ensuite, j'ai mis mon chapeau et « je suis allé à l'école » et j'ai oublié ça.

Mais quand je revins, dans l'après-midi, je constatai que quelle que soit la cause de mon curieux trouble psychique, il n'avait pas cessé d'agir. A peine m'étais-je assis à ma table et avais-je commencé à ranger mes notes, que s'est installé sur moi, plus fort si possible que jamais, ce sentiment inexplicable de vide dans la pièce, d'étrangeté, de quelque chose d'habitué *disparu* . Qu'est-ce que cela pourrait signifier ? C'était inquiétant, exaspérant ; cela a gêné mon travail. Je dois enquêter et y mettre un terme, si je le peux.

Mais juste à ce moment-là, le courant de mes idées fut momentanément inversé par quelqu'un frappant à ma porte. J'ai crié : « *Entrez !* » Et là entra une demoiselle : une demoiselle en noir, avec des rubans jaunes souillés, et sur les joues une petite fleur artificielle. L'effet de ceci, cependant, était atténué par une série de crêtes de couleur chair qui le parcouraient ; et comme d'ailleurs les yeux de la jeune personne étaient rouges et humides, j'en conclus qu'elle avait versé des larmes. Je l'ai regardée pendant deux ou trois secondes sans pouvoir penser qui elle était ; mais avant qu'elle ait prononcé son « *B'jour , monsieur* », je me suis souvenu: Madame Germaine, l'amie du pauvre petit Zizi, ma voisine d'à côté . Et puis, en un éclair, la raison m'est apparue de mon drôle de vague sentiment de quelque chose de pas comme d'habitude dans mon entourage, *je n'avais pas entendu Zizi tousser !* C'était ça! Zizi, la pauvre petite fille de la chambre voisine, — derrière cette porte contre laquelle s'appuie mon armoire, — qui depuis trois mois à peine est sortie de la maison, mais qui tousse, tousse, tousse perpétuellement : de sorte que chaque nuit je m'endors. , et chaque matin je me réveillais, et chaque jour je poursuivais mes occupations intérieures, au son de ce bruit pénible. Oh, notre vie n'est pas que des gâteaux et de la bière, ici dans le Quartier ; nous avons nos ennuis , ainsi que le reste de l'humanité ; et lorsque nous sommes trop pauvres pour changer de logement, nous devons nous contenter de faire preuve de patience, quels que soient les bruits que nos voisins choisissent de faire.

En tout cas, il se trouva que la vue de Madame Germaine, dans ses atours souillés, m'éclaira : Zizi n'avait pas toussé. Et je me suis dit : "Ah, la pauvre petite va mieux et elle passe la journée dehors." (C'était une belle journée, douce comme avril, quoique en plein hiver ; et ma conclusion n'était donc pas exagérée.) « Et Madame Germaine, poursuivis-je rapidement, est venue la voir ; et, la trouvant loin, il m'a surveillé.

Pendant ce temps, ma visiteuse restait immobile, juste sur le seuil, et me regardait solennellement, presque avec reproche, de ses grands yeux saillants : des yeux qui, toujours bien plus qu'assez saillants, semblaient maintenant, gonflés par les pleurs récents, assez prêts à quitter leurs orbites. . Pourquoi avait-elle pleuré, me demandais-je. Puis j'ai commencé notre conversation par un joyeux « Zizi n'est pas là ?

« *Ah, m'sieu ! Ah, la pauv'Zizi !"*! fut sa réponse, dans une sorte de halètement hystérique ; et deux nouvelles larmes roulèrent sur ses joues, faisant encore plus de ravages dans son rouge. Elle fit quelques pas en avant et se laissa tomber dans mon fauteuil. « *La pauv'petite !* » sanglotait-elle, j'étais perplexe, bien sûr, et un peu troublé. "Qu'est-ce que c'est? Quel est le problème?" J'ai demandé. « Zizi n'est pas pire, n'est-ce pas ? Je ne l'ai pas entendue tousser de la journée.

« Oh non, m'sieu , elle n'est pas pire. Oh non, elle… elle est morte.

Je n'ai pas besoin de raconter davantage mon entretien avec Mme Germaine, bien qu'il ait duré une bonne demi-heure de plus et qu'il ait été suffisamment vif. Je ne peux pas vous décrire le choc que m'a causé son annonce, ni le froid et le découragement qui m'ont envahi depuis lors. *Zizi*, mort ? Zizi et la Mort ! — les notions sont trop terriblement incongrues. Je regarde la porte qui sépare nos chambres, la porte contre laquelle j'entendais autrefois tant d'éclats de rire, de bribes de chansons, quand Zizi la recevait, elle les appelait « amis » ; et, dernièrement, sa toux lancinante et inflexible, — je regarde la porte, et une sorte de froid et de noirceur semble s'infiltrer par ses bords ; et puis j'imagine la chambre sombre au-delà, avec la fenêtre ouverte, et la petite silhouette de Zizi étendue sur le lit, austère et morte, — le pauvre petit Zizi gazouillant et bavard, grivois ! Oh, c'est horrible. Et toutes ses fantaisies, ses friperies à deux sous autour d'elle, leur occupation disparue : ses faux bijoux, et ses volants, et ses fourrures et ses dentelles de mauvais goût, et ses houppettes à poudre et ses pots de rouge – bien que ce ne soit que vers la fin que Zizi prit à rougir. C'est comme s'ils vous disaient qu'une *poupée* est morte : de telles choses peuvent-elles *mourir ?* Ils ne sont donc pas totalement inhumains ?

Ils ont des viscères ? sont faits de vraie chair et de vrai sang ? peut-on éprouver de vraies douleurs ? et—et mourir ? Nous voilà, vous et moi, gens sérieux, non dénués d'un certain sens de la solennité et du mystère de la création de Dieu, nous voici encore en train de travailler au premier degré de nos arcanes : la Vie ; et là-bas se trouve ce petit bijou de clinquant , admis au second ! Elle a franchi les redoutables portails, elle a accompli le miracle de la Mort ! Elle était vaniteuse et superficielle et dure : elle était méchante : elle était impudique dans son discours comme dans sa conduite : elle était vive, il est vrai, et joyeuse et jolie : mais elle n'avait ni affections, ni illusions, ni remords. ; et les mensonges tombaient comme des crapauds de sa bouche chaque fois qu'elle l'ouvrait : et pourtant elle est morte ! Et demain les femmes (qui auraient reculé devant elle de leur vivant, comme devant quelque chose de pestilentiel) se signeront avec révérence, et les hommes (qui auraient... ah, eh bien, il vaut mieux ne pas se rappeler ce que les hommes feraient l'ont fait) auront décemment la tête nue, alors que son pauvre cercueil est transporté à travers les rues en route vers le cimetière. N'est-ce pas horrible ? N'est-ce pas assez pour déprimer un individu, pour le dégriser, quand il n'y a qu'une mince cloison, brisée par une porte, pour le séparer d'une pareille chambre mortuaire ? — Attendez ; Je dois vous parler de Zizi, telle que je l'ai connue.

Bien avant que notre connaissance personnelle ne commence, je la voyais ici et là dans le Quartier : aux bals Bullier , ou au Café Vachette , ou au Luxembourg ou à la Boule- Miche quand il faisait beau : et je l'admirais comme une singulière spécimen inoffensif de sa classe. C'étaient ses beaux jours. Son « amie » était une étudiante en droit, du quartier Marbouf , avec les poches pleines d'argent et la barbe pointue. Elle était la plus petite des petites femmes possibles, pas plus haute que le cœur de son étudiant en droit, s'il en avait un ; et ce n'était qu'un Français de taille moyenne. Elle était très délicatement formée, avec de belles mains et de beaux pieds ; elle avait une grande quantité de cheveux noirs et une paire d'yeux noirs brillants. Son visage était pâle, et décidément un visage intéressant : coquin, s'il vous plaît, et extrêmement espiègle, mais évocateur d'esprit, d'intelligence, même d' humour et de passion : un visage des plus rares, avec du caractère , — je crois que je peux dire même avec distinction. C'était un visage qu'on aurait remarqué n'importe où, pour se demander qui et quel pouvait être son propriétaire. Et puis elle s'habillait très bien, très tranquillement : dans des gris ou des noirs raffinés : il n'y avait absolument rien dans sa tenue qui trahissait sa place dans l'économie mondiale : en la croisant dans la rue, on l'aurait prise pour une petite tout à fait irréprochable. femme au foyer, avec un visage inhabituellement intéressant. Je la voyais dans tous les lieux de villégiature du Quartier, pour l'admirer et pour spéculer sur elle d'une manière langoureuse et mélancolique. Puis j'ai quitté la ville pour l'été ; et à mon retour en septembre dernier , je me suis établi ici, à l'Hôtel du Saint Esprit.

Le premier matin après mon arrivée, j'ai été réveillé par des bruits étranges mais sans ambiguïté venant de cette porte, là derrière mon armoire ; un rire strident et quelques exclamations hardies qui ne pouvaient me laisser aucun doute sur le sexe et la qualité de mon compagnon de chambre. Une heure ou deux plus tard, je rencontrai Zizi sur le palier ; et la concierge m'informa qu'elle était la locataire de la chambre voisine de la mienne. Un tel quartier vous ferait horreur à Londres ou à New York : mais nous ne pensons pas à des accidents bien pires que celui-là, ici dans le Quartier Latin de Paris. Ensuite, nuit et matin, et surtout dans ces petites heures qui sont proprement les deux ou ni l'un ni l'autre, j'entendais le rire de Zizi au-delà de notre porte de séparation ; son rire, ou sa petite voix maigre élevée dans une chanson stupide, ou le murmure d'une conversation légère, qui sautait parfois jusqu'à la colère, car je soupçonne que l'humeur de Zizi était incertaine ; puis, rare au début, mais récurrente de plus en plus fréquemment, jusqu'à devenir la note tout à fait dominante, sa petite toux dure, sèche et déchirante.

Elinor était à Paris à cette époque. A ma grande joie, elle était venue passer l'automne, et peut-être l'hiver aussi ; et elle tenait beaucoup à ce que je lui montre un peu le côté sordide de la vie ici. Elle avait pris logement sur l'autre rive, la droite et la fausse, du fleuve ; et chaque après-midi, ma journée de travail accomplie, je la rejoignais là-bas, et nous partions ensemble faire de petites excursions en Bohême. Il se trouve que j'étais extraordinairement rouge pour le moment ; J'avais près de deux cents livres d'argent liquide ; et c'était une aide. Bien sûr, je l'ai emmenée au Moulin Rouge, ce qui l'a dégoûtée, comme je l'avais prévenue ; et au Chat Noir, qui l'amusait ; et j'ai eu le bonheur d'avoir deux places pour une représentation au Théâtre Libre, ce qui l'amusait et la dégoûtait à la fois ; et je lui ai fait découvrir les splendeurs construites en jerrycan de Bullier ; et nous faisions ensemble de longues promenades délicieuses au Luxembourg, où elle nourrissait les moineaux avec des miettes de pain peu nourrissant ; et nous déjeunions, dînions et soupions ensemble dans une infinité de restaurants drôles ; et de temps en temps nous partions dans des bidonvilles dans l'extrême nord, ou à l'est, ou au sud ; et celui de Pousset nous connaissait, et celui de Vachette ; et parfois, pour le plaisir ou la commodité des choses, nous passions chez les *demi- gomme* du Café de la Paix : et elle eût été tout à fait heureuse et contente sans un seul désir inassouvi. Elle voulait faire connaissance avec quelque membre de la confrérie de *Sainte Grisette* ; elle voulait, en tant que femme littéraire, voir à quoi ressemblerait une telle femme ; pour se convaincre s'ils étaient ou non aussi noirs que je les avais peints, car je les avais effectivement peints très noirs.

"Eh bien," dis-je enfin, "vous en serez désolé, mais comme vous n'acceptez pas un non comme réponse, je vais voir ce qui peut être fait."

Puis un après-midi, je l'attendais sur rendez-vous, dans ce même Café de la Paix , quand devrais-je voir entrer et s'installer dans une arrière-boutique, sinon ma voisine Zizi et son amie des rubans, Madame Germaine. « Quand Elinor arrivera, pensai-je, et si son cœur est toujours fixé sur ce genre de choses, je lui présenterai Zizi : car Zizi est aussi presque inoffensive qu'un microbe de sa variété peut l'être. Elinor arriva un instant plus tard : belle, forte, gracieuse et pure comme un matin de mai : et je lui proposai la mesure ; et sa décision instantanée fut : "Oh, oui, bien sûr." Alors elle et moi sommes entrés dans l'arrière-boutique et avons pris la table à côté de celle de Zizi ; et bientôt Zizi me lança un petit regard sournois et un sourire ; et sur ce, je l'invitai, ainsi que son compagnon, à venir s'asseoir avec nous.

« Madame le permet ? » demanda Zizi en haussant les sourcils, étonnée d'une telle magnanimité de la part d'une concitoyenne. Elinor eut un sourire assentiment ; et les deux *étudiantes* se levèrent et se placèrent devant notre propre dalle de marbre. Je leur ai demandé ce qu'ils prendraient; bien sûr, ils commandèrent chacun une *menthe à l'eau* . Mais même si j'essayais d'adapter la conversation à leurs goûts et à leur niveau, ils n'étaient pas parfaitement à l'aise. La présence d'Elinor, que, bien qu'elle fût seule avec un homme au Café de la Paix , ils pouvaient percevoir d'un demi-œil comme un oiseau d'une plume totalement différente de la leur, les embarrassait beaucoup. Leur désir de paraître bien devant elle, leur détermination à se comporter de la meilleure manière , leur liaient la langue et les rendaient extrêmement ennuyeux ; car quand on ne les parfume pas abondamment au sel gaulois, elles sont inimaginablement fades, ces petites soubrettes de la comédie du mal. Cependant, avant notre rupture, je les avais engagés à déjeuner avec nous le dimanche suivant. Nous devions tous nous retrouver à midi chez Fousset, boulevard, et de là nous nous dirigerions vers l'abbaye de Thélème , où je nommerais un *cabinet particulier* .

L'Abbaye de Thélème est le restaurant le plus risqué d'un quartier des plus risqués : mais Elinor voulait voir le côté sordide de la vie parisienne, et j'étais résolu à la satisfaire une fois pour toutes par une mesure drastique.

« *Voyez-vous* », entendis-je Zizi se vanter à voix basse, « il est interdit aux femmes de venir seules dans ce café. Mais je suis une fille honnête. Le *gérant* me connaît. Ils ne font aucune objection à moi ou à mes amis. *Adieu, madame. Au revoir, proche* », — ce dernier pour moi. *Proche* , en effet ! Mais dans le Quartier latin, le mot est souvent utilisé comme substitut de *voisin* . Puis Zizi s'est retirée , suivie de Germaine.

« Eh bien, » ai-je demandé dès qu'Elinor et moi étions seuls, « votre soif d'expérience est-elle satisfaite ? Es-tu enfin heureux ?

« Je suis submergé par la perplexité. Qui aurait cru qu'ils n'étaient pas simplement deux bourgeoises ordinaires ? Il n'y avait rien de tapageur ou de choquant chez eux.

"Quoi! Le rouge ? Les rubans ? Les yeux exorbités ?

« Oh, je ne pensais pas à celui-là. Je ne me souciais pas beaucoup d'elle. Pourtant, même elle n'avait pas l'air pire que… enfin, une vendeuse. Mais l'autre, le petit. Je n'aurais pas dû être surpris de la rencontrer quelque part, chez Madame X…, chez Madame de Z… Elle était habillée si tranquillement, avec si bon goût. Ses manières étaient si sobres, presque anglaises. Et son visage, c'est un visage qui vous frapperait n'importe où. Si délicat, raffiné, si pittoresque et intéressant. *Elle* ne rougit pas. Et de si beaux cheveux ! Oh, je suis sûr qu'elle est pleine de qualités. Quelle honte et quelle horreur que… que… Cela donne envie de détester tout votre sexe.

Le commentaire d'Elinor se transforma alors en une lamentation qu'il serait inutile de répéter. «Je dois lui faire raconter son histoire», fut la conclusion.

« Oh, elle vous racontera son histoire assez vite, seulement, je vous préviens, ce sera un tas de mensonges. La vérité n'est pas en eux, ces petites marionnettes. Ne vous faites aucune illusion sur elle. Tout ce qu'on peut dire d'elle, c'est qu'elle est un exemple assez inoffensif d'une classe désespérément mauvaise. La grisette de Musset, d'Henry Murger , n'existe plus, même si elle a jamais existé. Aujourd'hui, Zizi était sur sa bonne conduite . Dimanche, j'espère, pour le bien de la science, qu'elle s'en sortira et qu'elle redeviendra son méchant petit moi. Oui, son visage est remarquable, mais c'est un accident absurde, un lapsus de la nature : aucune des qualités qu'il semble indiquer n'est nulle part en elle, ni l' esprit , ni l'humour , ni l'émotion. C'est juste un petit chat de petite taille ; pas un chaton : elle n'a rien de la douceur innocente d'un chaton : un petit chat sous-dimensionné, dur et vif. Cependant, elle peut être assez amusante lorsqu'elle est excitée ; et dimanche, nous prendrons probablement un joyeux petit-déjeuner. Mais ici, je me suis révélé être un faux prophète. Nous étions encore aux *hors -d'œuvre* quand Zizi se mit à pleurer. Elle avait toussé ; et Elinor lui avait demandé si elle avait un rhume ; et cette question précipita un flot de larmes. C'était décourageant. Il est toujours décourageant de voir une de ces créatures tout sauf gaie et désinvolte : le sérieux est si grossier, si criard, en contradiction avec la conception que vous en avez, avec l'humeur dans laquelle vous les abordez. Et pourtant ils pleurent beaucoup , mais surtout des larmes de simple dépit ou de vanité contrariée ; ou, peut-être, d'hystérie, car ils sont terriblement sujets à ce qu'ils appellent *des crises de nerfs* . Mais les larmes de Zizi étaient désormais d'une autre eau. Avait-elle attrapé un rhume ? Oh non, c'était pire que ça. Le médecin a dit que ses poumons étaient touchés ; et si elle ne changeait pas rapidement son mode de vie, elle devait sombrer dans le déclin. Et voici, s'il vous plaît, le plat posé sur notre table, là, dans le vulgaire *cabinet particulier* de ce restaurant ombragé, sous le gasalier de cristal et entre les quatre glaces rayées de diamants qui couvraient les murs, c'était le plat qui nous a été servi avant même les huîtres ; et vous pouvez donc imaginer avec quel appétit nous attaquions les bonnes choses qui suivirent. Le médecin lui avait dit qu'elle devait absolument suspendre ses dissipations pendant au moins six mois, se reposer, se *soigner* et se nourrir, sinon elle deviendrait sûrement *poitrinaire* . « Et ne rien faire ? Comment puis-je? *Faut vivre, parbleu !* « Son ami en chef actuel, expliqua-t-elle, était à l'École des Mines ; sa pension de famille ne s'élevait qu'à deux cent cinquante francs par mois ; il était tout ce qui est bon, il ferait tout son possible pour elle ; mais elle ne pouvait pas vivre de ce qu'il pouvait lui épargner, soit deux cent cinquante francs par mois.

Là-dessus, elle partit dans une crise de colère régulière ; et Elinor avait les mains occupées, essayant de la ramener à la normale. Les hystériques sont contagieuses ; et Madame Germaine, assise à sa place, sanglotait désespérément, non par sympathie, mais par contagion, tandis que ses larmes coulaient dans son assiette.

J'ai vu qu'Elinor était extrêmement affligée et j'ai maudissé le moment mal inspiré où j'avais organisé ce festin. « Terrible, terrible ! » murmura-t-elle en secouant la tête et en me regardant avec des yeux peinés. Quand enfin Zizi fut de nouveau calme, Elinor demanda : « Cela ne vous dérangera pas si je parle avec Monsieur en anglais ? puis il m'a dit : « C'est vraiment trop épouvantable. Nous devons faire quelque chose pour elle. Il faut la sauver de la phtisie ; et peut-être qu'en même temps nous pourrons la racheter, en faire une bonne femme. Elle l'a en elle.

Je respectais trop la sincérité d'Elinor pour rire du caractère utopique de son optimisme : j'ai donc renoncé à la dernière de ses remarques et n'ai répondu qu'à la première. « Je serais heureux de faire tout ce qui est possible pour elle, mais je ne vois pas exactement ce qui *est* possible. D'ailleurs, je ne crois pas qu'elle soit menacée de phtisie, pas plus que moi. C'est une pose pour se rendre pathétique à vos yeux et gagner de l'argent. Vous verrez, elle va me frapper cinquante francs. C'est la somme qu'ils demandent habituellement. Et elle veut obtenir au préalable votre approbation pour le cadeau.

Effectivement, Zizi releva son visage en larmes, aux traits tout gonflés et empourprés, et dit à cet instant même, dans un gémissement qui aurait dû endurcir le cœur le plus tendre : « Si Monsieur pouvait me donner un peu d'argent, quelques Louis... un billet de cinquante francs ? Je pourrais acheter des médicaments et tout.

«C'est absurde», dis-je brutalement; "tu achèterais *des mousselines* et tout."

Elle rit sans offense et me lança un regard complice, mais protesta : « *Non, sérieusement, je veux me soigner*. Puis elle se tourna vers Elinor et lui supplia d'un ton câlin : « Madame, dites-lui de me donner cinquante francs... *pour me soigner*
.

"Non," répondit Elinor; il ne vous donnera pas cinquante francs, mais c'est ce qu'il *fera*, ce que *nous* ferons. Si vous voulez obéir aux ordres du médecin, envoyer vos amis vaquer à leurs affaires et mener pour le moment une vie parfaitement régulière, nous nous chargerons de veiller à ce que vous ne manquiez de rien pendant les six prochains mois. Après cela, *nous verrons !* Pour le moment, c'est ce que nous vous proposons : six mois pour vous donner toutes les chances de guérir. Seulement, pendant ces six mois, *il faut être sage*.

Bien sûr, Zizi s'est remise à pleurer ; et, bien sûr, elle ne pouvait rien faire de moins qu'accepter la proposition de Madame avec une certaine effusion : même si je me méfiais de la sincérité de son acceptation ; elle aurait préféré empocher les cinquante francs et en finir avec nous.

Elinor et elle se mirent à discuter de divers détails pratiques. Nourriture bonne et abondante, vêtements chauds, logement salubre : tels étaient les trois desiderata prescrits par Elinor. Quant aux dernières, Zizi nous a assuré qu'elle les avait déjà — « puisque j'habite dans la même maison que Monsieur », explique-t-elle d'un ton convaincant.

Mais Elinor n'était pas convaincue. « Vos chambres sont-elles orientées au sud ? » était la question sur laquelle elle insistait.

Or, Zizi, en ce qui concerne les points cardinaux et les sujets aussi abstrus en général, n'avait pas plus d'idées que moi du sanskrit ; pourtant : « Oh ! oui, ma chambre donne sur midi », répondit-elle sans broncher. — Et en tout cas, c'est une très belle chambre. — Venez voir, ajouta-t-elle impulsivement. "Je serais ravi de te le montrer."

"Je suppose que tout ira bien?" Elinor m'a demandé.

"Oh, pas pire que le reste," acquiesçai-je.

donc un fiacre et fûmes conduits rue Saint-Jacques . Madame Germaine nous quitta sur le seuil du restaurant. « J'ai un engagement au Parc Monceau », nous a-t-elle informé, avec la franchise de son cœur. Zizi se moquait beaucoup d'elle pendant que nous traversions la ville. « Ses rubans... *hein ?* Ses yeux-lunettes ! Pas du tout *comme il faut* . Mais une fille courageuse. Elle m'aime comme une sœur. Monsieur sourit. Non, parole d' honneur , ce n'est pas comme vous le pensez. Si j'avais pensé comme Zizi, je n'aurais pas dû sourire ; mais, bien sûr, on ne pouvait pas s'attendre à ce qu'elle comprenne cela. « Pauvre Germaine ! Son vrai nom est Gobbeau , Marthe Gobbeau . Elle est stupide et laide, mais elle est de bonne humeur », ce qui était peut-être plus que ce qu'on pourrait dire avec vérité de sa petite critique. "Sa mère est *ouvreuse* au Théâtre de Belleville."

« Et son père ? » demanda Elinor.

"Son père!" s'écria Zizi, et elle était sur le point de continuer, quand elle songea à respecter la simplicité d'Elinor. Elle m'a fait un clin d'œil furtif et m'a dit gravement : « Oh, son père habite dans le XXIe arrondissement. Elinor ne savait pas que les arrondissements de Paris n'étaient que vingt, et elle ne pouvait donc se rendre compte ni du double sens ni de l'antiquité de cette évasion.

La chambre de Zizi était exactement comme mille autres chambres du Quartier Latin, quoique un peu plus luxueuse que la plupart : bien plus que la mienne, par exemple. Pour commencer, elle possédait un tapis, sa propriété privée, un tapis bruxellois aux teintes sobres, qui couvrait presque tout le sol ; puis elle avait quatre chaises, chacune praticable et raisonnablement fraîche ; son lit était orné d'une couverture de soie cramoisie, et les tentures du dessus étaient également cramoisies. Les murs étaient décorés dans le style dominant de sa classe et de son époque, avec des tambourins, des trompettes jouets, des boîtes de bonbons vides, etc., suspendus à des punaises. Mais la principale impression que l'on avait de la pièce était celle de la propreté et de l'ordre : Zizi, malgré tout, était française.

"Comme c'est très soigné, comme c'est exquisément soigné", murmura Elinor, visiblement surprise.

Zizi sourit avec complaisance, avec ce qu'on appelle une véritable fierté. « *Pas mal, hein ? Des fesses chics, hein ?* » demanda-t-elle, tandis que ses yeux cliquaient triomphalement.

"Oui," admis Elinor, "c'est très joli, mais… ça a l'air plein nord."

Et elle développa sa thèse hygiénique préférée , selon laquelle personne ne pouvait se porter bien s'il vivait dans une pièce sans soleil, l'application étant que Zizi devait changer de logement. Demain lundi, il lui faudra trouver une chambre qui « cède vraiment au midi » ; et à trois heures nous la retrouverions à la Vachette et allions avec elle l'inspecter. Bien sûr, nous devions payer le loyer.

« Ma chère Elinor, dis-je après avoir pris congé de Zizi, je suis désolé de vous décourager, mais vos projets bienveillants n'aboutiront à rien. Elle ne changera pas de logement et elle ne changera pas de mode de vie. Nous aurions bien mieux fait de lui donner un peu d'argent comptant et de nous débarrasser d'elle. S'efforcer d'être respectable, ne serait-ce que provisoirement , l'ennuierait trop. Vous avez imprudemment promis de veiller à ce qu'elle ne manque de rien. Voyez-vous qu'elle a beaucoup d' excitation ? — qui est le souffle de ses narines. Demain, elle se retirera ; elle vous dira qu'en somme elle ne peut pas accepter votre offre plus élevée, et elle renouvellera sa demande de cinquante francs.

"Si je ne savais pas que tu ne l'étais pas, je penserais que tu étais un cynique parfaitement sans âme", fut la réplique d'Elinor.

Mais, cynique ou pas cynique, j'avais raison. Elinor, en acceptant de rencontrer Zizi le lendemain à Vachettes , avait oublié un engagement antérieur dont elle se souvenait depuis ; je me rendis donc seul au rendez-vous, chargé cependant des pleins pouvoirs pour agir comme je le jugerais le mieux. Zizi était en retard d'un quart d'heure, mais cela ne la dérangeait apparemment pas ; en tout cas, elle ne s'excusa pas de m'avoir fait attendre. Elle s'est empressée de me faire savoir qu'elle ne pouvait pas changer de logement ; elle n'en avait même pas cherché d'autres : sa mère n'en voulait pas entendre parler, d'abord ; et puis… ses amis ? Ils ont tous une mère, d'une manière ou d'une autre, même si la notion semble incongrue : pourtant je suppose que c'est tout à fait naturel. Zizi était une vieille *sage au visage violet* , originaire des environs de Montmartre. Elle avait pris conseil avec sa mère, dit-elle, et sa mère ne voulait pas entendre parler de son changement de résidence. Et puis… ses amis ? Lorsqu'ils viendraient la voir et constateraient qu'elle avait déménagé, ils seraient mécontents ; ils ne la suivraient pas. Les affaires sont les affaires, après tout, mais dans notre jeunesse , on nous a appris que l'amitié ne l'était pas. Quoi qu'il en soit, Zizi se voyait sans amis si elle déménageait. «Mais ma chambre est très bien. Si vous et Madame voulez me soutenir, pourquoi ne pas me soutenir là-bas ?

J'ai fait écho, plutôt faiblement peut-être, à la conférence d'Elinor sur les avantages de la lumière du soleil ; et en tout cas, lui dis-je, désireux que Madame et moi de la « soutenir », nous refusions catégoriquement de nous permettre cette indulgence, à moins qu'elle ne prenne une chambre ensoleillée : ce que nous souhaitions vraiment, c'était l'aider à se rétablir ; nous étions persuadés qu'elle ne pouvait pas se rétablir sous un aspect nordique ; et nous n'avions aucune sorte d'empressement à jeter notre argent par les fenêtres. Il était évident pour moi qu'elle commençait à se méfier de nos motivations : une telle gentillesse inhabituelle, une telle extravagance téméraire portaient sur leur visage un air soupçonneux.

« *Et cette dame ?* ", a-t-elle demandé. « *Cette anglaise ? Qu est-ce qu'elle me veut ? Elle est ta maîtresse , hein ? Femme mariée , hein ? Et toi , avec ton petit air Sainte-Nitouche , va !* Je vais vous dire : donnez-moi de l'argent, cinquante francs, pour acheter des médicaments, pour payer un médecin. Allez! Cinquante francs, ce n'est pas beaucoup.

"Oui, ça l'est, ma chère," rétorquai-je. « C'est très joyeux, comme vous le savez très bien. Mais enfin, si vous préférez la partie, alors que vous pourriez avoir le tout, c'est votre affaire ; et donc je vais vous le donner. Seulement, attention, cela commencera et mettra fin à toute la transaction. Nous vous donnons cinquante francs, mais nous ne vous donnerons plus jamais un sou. Puis j'ai mis clandestinement un billet de cinquante francs dans sa jolie petite main, — je l'ai fait clandestinement, pour que les serveurs et les autres *consommateurs* ne le voient pas.

Mais Zizi n'était pas troublée par une telle fausse honte. Elle lissa le billet et le présenta à la lumière, l' examinant rigoureusement. S'étant assurée qu'il ne s'agissait pas d'une contrefaçon, elle le fourra dans un petit sac à main en argent, ferma le sac avec un bouton-pression et l'enfouit dans une poche féminine occulte. Finalement , elle tourna son visage vers le mien et dit : « *T'es bon, toi* . Cela vous portera chance. Embrasse-moi." J'ai suggéré que le café était un lieu trop public pour s'embrasser. Le billet de cinquante francs répandait sa chaleur géniale dans toute sa petite silhouette, et elle se « déchirait », riait et discutait très agréablement avec moi. « Pourquoi ne viens-tu jamais me voir , puisque nous vivons dans la même maison ? elle a eu la gentillesse de demander. Et elle a essayé de me pomper, d'une manière coquine et insinuante, à propos d'Elinor, sa bienfaitrice.

Mais Zizi fut lancée dès sa descente en Avernus. Sa toux empirait de plus en plus ; ses joues se creusent, tout son visage est tiré ; sa silhouette a perdu son élasticité. Elle se mit au rouge et à la poudre et introduisit des notes de fausset dans sa toilette. Avec sa santé déclinante, ses amis ont commencé à la laisser tomber également : la toux, la fièvre et les yeux anormalement brillants sont des éléments perturbateurs et mettent à rude épreuve l'amitié. Il lui fallut en chercher de nouveaux, et on en trouva beaucoup sur les boulevards. Chaque fois qu'elle nous apercevait, Elinor et moi, à son horizon, elle se précipitait vers nous et mendiait de l'argent : et elle nous espionnait toujours, se pointait toujours ; il semblait qu'elle avait dû suivre nos traces. Ainsi vous jetez votre pain sur les eaux, et il vous revient dans la plénitude des temps. Elle était française, comme je l'ai déjà dit : mais elle ne montrait aucune discrétion, aucun respect pour les lieux et les occasions. Il n'était donc pas rare que ses salutations familières à notre égard soient embarrassantes. Peu à peu, elle prit l'habitude légère d'entrer dans la Vachette , de commander ce qu'elle voulait et de s'en remettre à mon compte ; et j'ai dû faire des remontrances. Elle finit par découvrir l'adresse d'Elinor et lui rendit visite. Mais Elinor se rendait à Londres le lendemain ; donc rien n'en est sorti. C'était en décembre ; et au début du même mois, Zizi commença à garder sa chambre. Elle était probablement très malade ; elle toussait continuellement. Elle toussait beaucoup quand ce n'était pas nécessaire, et se débattait seulement sans soulager sa pauvre poitrine, sans parler des nerfs de ses voisins . Je l'exhortais à contrôler sa toux, à ne pas tousser quand elle pouvait s'en empêcher ; mais la maîtrise de soi, quelle qu'elle soit, dépassait sa tradition ; et elle toussait toujours à la moindre impulsion. De temps en temps, si elle allait un peu mieux et que le temps le permettait , elle mettait son rouge et ses atours, et sortait , — « *pêcher à la ligne* », comme elle disait. Puis, à son retour, j'entendais des tentatives désespérées de chants et de rires, qui se terminaient inévitablement par de longues et pitoyables quintes de toux.

Et maintenant, tout est fini ; Zizi est mort ; et je suis aussi choqué que si l'événement était sans conséquence et inattendu, comme si elle n'avait pas craché sa vie régulièrement ces trois mois passés. Eh bien, la difficulté est de concilier l'idée que l'on se fait de Zizi avec tout ce qui n'est pas vain, creux et imaginaire, avec quelque chose de naturel et de sincère ; et la mort est si horriblement naturelle, si horriblement sincère. Pour la première fois depuis sa naissance, j'ose dire, elle a fait une chose sincère, une chose réelle : elle est morte !

LE PÈRE PRODIGALE.

Sa femme était morte vingt-cinq ans auparavant, le laissant avec un fils en bas âge entre les bras ; et elle lui avait fait promettre que le garçon serait élevé comme un « bon Américain ».

Lui, le pauvre, était désespérément mauvais. Le mot même, par exemple, tel qu'il le prononçait, oubliait de rimer avec ouragan ; et, de peur que quiconque ne soit disposé à considérer avec indulgence ladite offense, je m'empresse d'ajouter qu'il prononçait avec persistance le *e* dans clerk contrairement au *i* dans dirk. En outre (on peut pardonner la simplicité du détail en raison de son importance), il laissa son nez, en tant qu'instrument de communication des idées, sombrer dans la désuétude et l'atrophie.

Et il vivait à Londres et reconnaissait ouvertement qu'il l'aimait mieux que New York.

Un vieil ami sérieux, lui écrivant d'outre-mer pour lui faire des remontrances, parla de devoir et de patriotisme, et reçut cette réponse acerbe :

« Le devoir, ma chère, est la dernière faiblesse des grands esprits ; et le patriotisme, tel qu'il se manifeste en tout cas par nos compatriotes voyageurs que j'ai rencontrés sur le sol britannique, le patriotisme corrompt les bonnes manières. Des patriotes eux-mêmes, je puis dire, comme de divers oiseaux, orateurs, opéras et femmes, qu'il faut peut-être les voir, mais certainement pas les entendre ; et si je ne pouvais pas parler, je ne souhaiterais pas vivre.

En principe, tout cela choquait plutôt sa jeune épouse américaine (une fille du Massachusetts, qui avait été élevée dans la secte la plus stricte de la religion nationale), même si en pratique elle était presque aussi impudique que lui. Quoi qu'il en soit, elle accepta volontiers une résidence en Angleterre et s'abstint de faire des comparaisons ; en effet, si elle les *avait* faites, il n'est pas inconcevable qu'elles auraient pu dénigrer moins l'ancien pays qu'on aurait pu le souhaiter. Mais ensuite elle tomba malade, mourut et fut frappée par le mal du pays ; et les bons souvenirs du pays de son enfance engendraient une sorte de vague remords pour la petite place qu'elle lui avait dernièrement laissé occuper dans ses affections ; et cherchant aveuglément quelque chose qui ressemblait à une expiation, elle fit promettre à son mari que le garçon serait éduqué comme un bon Américain, dans une école américaine et au Harvard College.

Ensuite, il a transporté le bébé et sa nourrice à Beacon Street à Boston et les a déposés chez les parents de la défunte. Et dès qu'il pourrait décemment être renvoyé en Angleterre ; et vingt-cinq années s'écoulèrent pendant lesquelles ni père ni fils ne traversèrent l'Atlantique.

Je crains qu'il faille l'avouer : c'était un jeune homme très, très frivole ; il portait son âge avec autant de légèreté que ses gants et sa canne , et il aurait été véritablement surpris si quelqu'un avait parlé de lui autrement que jeune, même s'il avait cinquante-sept ans.

Avec un maigre cinq cents dollars de patrimoine par an, il vivait au rythme de la moitié de mille, lui qui n'avait jamais gagné six pence. Il n'en avait jamais eu le temps, disait-il ; il avait été trop occupé à ne rien faire ; il n'avait trouvé aucun loisir pour une industrie productive. Entre thés, dîners et danses, visites de maisons de campagne et courses outre-Manche, lectures et conversations, rêves et sommeils, ses journées et ses nuits avaient été trop chargées ; aussi avait - il dû augmenter le solde de ses dépenses en laissant la plupart de ses dettes impayées. Pour gagner de l'argent de poche, il avait recours à ce qu'il appelait des post-nécrologies inversées. Son fils serait un jour , par héritage de ses grands-parents maternels, un homme riche ; et il ne refuserait sûrement pas, à la mort de son père, d'acheter du papier timbré pouvant porter l'autographe de son père ; et les Juifs (une race qui a toujours placé de grands espoirs dans la postérité) étaient heureux, dans cette perspective en vue, de l'héberger à soixante pour cent par an.

Il était grand, svelte et de constitution lâche, très enclin à se prélasser dans d'étranges postures tordues, comme s'il avait des articulations doubles ; par quoi un ami fut amené à lui suggérer que, lorsqu'il serait dans une situation difficile, il pourrait gagner honnêtement un sou en s'enrôlant dans une ménagerie itinérante en tant que marchand de caoutchouc indien. L'un de ses yeux rencontra le monde sans armure , avec un regard parfaitement vide ; l'autre brillait de manière ambiguë derrière un bouclier circulaire en verre. Il avait une voix étrange, musicale, plutôt sifflante, dans laquelle il racontait des absurdités avec une intonation si plaintive, si fatiguée et si enfantine gâtée, qu'elle semblait suggérer un esprit chancelant et un esprit abattu sous un fardeau presque insupportable de fatigue et de déception ; d'où, pour un étranger, il n'était pas immédiatement facile de déterminer si ses paroles étaient drôles ou simplement sans conséquence. Lorsque j'ai fait sa connaissance pour la première fois, je me souviens, j'ai cru pendant une minute ou deux que j'étais tombé sur un imbécile fatigué, puis amusant, puis inspiré. Certains le qualifiaient de snob, d'autres de sorte de débauché métaphysique, mais tous s'accordaient à dire qu'il était un homme divertissant.

Il avait traduit la devise jusqu'alors incompréhensible de sa maison : « *Estre que fayre* », « Être plutôt que faire ». *Être* : être de tous côtés un mortel hautement développé, un érudit, un connaisseur, un bon causeur, un compagnon aimable, un animal sain, tel était son but dans la vie, si près qu'on pouvait dire de lui qu'il avait un but. C'est pourquoi il jouait au golf (c'était déchirant, disait-il, de voir à quel point), s'intéressait intelligemment au football, lisait tout (sauf l'hyperbole !) et se tenait au courant de ce qui se faisait en musique, en peinture. la sculpture et la céramique : en bref, elles se sont largement investies dans toutes les formes de culture non rémunératrice. Le théâtre qu'il évitait, parce qu'il considérait que le jeu d'acteur, dans son meilleur état, n'était qu'un mauvais reflet des arts créatifs, et dans son pire, comme il l'affirmait, nous l'avons aujourd'hui, une simple maladie infectieuse du système nerveux . Il ne chasserait pas non plus, ne tirerait pas, ne pêcherait pas, ni ne mangerait de chair, car, expliquait-il, il serait désagréable de devoir se considérer comme une bête de proie. Il avait cependant un cuisinier habile et se nourrissait somptueusement chaque jour de produits comestibles tels que des œufs de pluvier et des truffes, du lait, du miel, des fruits et des fleurs (le laborieux artichaut n'est-il pas une fleur ?), et du simple pain et du fromage servis en deux. une centaine de déguisements délicieux. Il dînait au restaurant, bien sûr, six ou sept soirs par semaine ; mais c'étaient pour lui des fêtes de Barmécide, et en rentrant il pouvait souper. Lorsqu'il partait séjourner à la campagne, il emmenait avec lui son cuisinier, au lieu de son domestique ; et les gens supportaient ses excentricités parce qu'il pouvait dire des choses divertissantes.

C'était un épicurien, bien que végétarien, un cynique d'une manière bienveillante et insignifiante, et un pessimiste, bien que débonnaire.

« Un peu de pessimisme joyeux est d'une grande aide ici-bas », insistait-il. « Il en faut un dans de nombreux endroits difficiles. Avez-vous déjà pensé à quel point le monde pourrait être pire s'il n'était pas si mauvais ?

Parfois, sans doute, son pessimisme brillait d'une teinte moins joyeuse : lorsque, par exemple, il manquait d'argent et était aux prises avec des difficultés. « Combien de nobles gens ont combattu loyalement dans la bataille pour mener une vie de douce oisiveté, et sont tombés accablés par la cruelle avidité des commerçants ! Dois-je être de leur nombre ? se demandait-il tristement dans de tels moments.

Il était le plus infatigable des hommes humains lorsqu'il se livrait à des activités totalement inutiles, comme organiser des pique-niques, aller à des fêtes, inventer des paradoxes ou boire du thé ; mais lorsqu'il s'agissait de tout ce qui s'approchait de loin de la sphère du devoir, il était le plus indolent, le plus enclin à la procrastination. Beaucoup, beaucoup trop indolent, par exemple, pour être un correspondant possible, — à moins qu'il ne s'adresse à un prêteur d'argent ou à une femme — d'où il résulta que lui et son fils ne s'étaient écrit que de façon décousue et brève, et savaient effroyablement peu de l'état d'esprit de chacun. Il y a trois ou quatre ans, le garçon, après avoir obtenu son diplôme à Harvard, était un instant sur le point de prendre la résolution d'accourir et de rendre visite à son père ; mais ensuite il avait décidé d'attendre pour le faire jusqu'à ce qu'il ait effectué « le nombre requis de

trimestres à la faculté de droit pour garantir son admission au barreau »,
comme il l'exprimait.

Maintenant, il semblait que le nombre requis avait été atteint, car au début
du mois de mai, avec les premières bouffées d'air chaud, les reflets du soleil
et le grondement des roues des voitures dans le parc, l'homme âgé reçut une
lettre qui disait ceci : :—

« Mon cher Père,

« Vous serez, j'en suis sûr, heureux de savoir que j'ai réussi mes examens
finaux et que j'aurai bientôt le droit de signer LL. B. après mon nom, ainsi
que pour exercer devant les tribunaux.

« J'ai l'intention de partir pour l'Europe le 1er juin, par le *Teutonique* , et
d'atteindre Londres vers le 8. J'aimerais passer l'été avec vous en Angleterre,
me familiariser avec les institutions britanniques, et à l'automne traverser la
France et l'Allemagne, et descendre en Italie pour passer l'hiver. Mais bien
sûr, je dois soumettre mes plans à votre révision.

« Mon grand-père et ma grand-mère se portent très bien et me rejoignent
amoureux de vous.

« Votre fils affectueux,

«Harold Weir.»

"Le garçon semble avoir un peu d'humour ", telle était la réflexion du
doyen Weir à propos de cette épître. « Les « institutions britanniques » sont
plutôt drôles. Et si son style semble un peu raide dans les articulations, cela
ne résulte que de la jeunesse et d'une formation juridique. Je fais confiance à
la Providence, cependant, qu'il n'a peut-être pas LL. B. gravé sur sa carte ; —
ces Américains sont capables de tout. Cependant, je serai heureux de le voir.

Et il commençait à s'imaginer agréablement le plaisir qui l'attendait à avoir
avec qui bosser un jeune homme de vingt-cinq ans bien installé, dont les
poches étaient pleines d'argent (le grand-père maternel y veillait, Dieu merci)
; et il attendait avec impatience le 8 juin. Ils termineraient ensemble la saison
en ville, feraient ensuite le tour des maisons de campagne, puis se dirigeraient
vers le continent : et, tout bien considéré, ce serait une formidable alouette.
Qu'Harold était bien installé, il le savait grâce à une photographie. Sa seule
crainte sur le plan de l'apparence concernait sa coloration . Cela pourrait être
éprouvant. Cependant, il espère que non ; et de toute façon, dans ce monde,
nous devons prendre l'amer avec le doux.

Il se rendit à Euston (après avoir reçu un avertissement télégraphique de
Liverpool) pour accueillir les jeunes sur la plate-forme ; et il ne savait pas trop
s'il devait être content ou consterné lorsqu'il le vit descendre d'un

compartiment de troisième classe du train. Il était bien entendu plutôt judicieux de voyager en troisième classe ; mais comment un jeune Américain, fraîchement sorti de la démocratie, pourrait-il avoir conscience de ce canon quelque peu obscur des manières aristocratiques ? et les circonstances ne pourraient-elles donc pas plaider en faveur de la parcimonie ou d'un goût vulgaire ?

Il n'avait cependant aucun doute sur la nature de l'émotion que lui causait *le chapeau d'Harold* ; car non seulement c'était un « topper », mais – comme si voyager depuis Liverpool dans un topper n'était pas suffisant en soi – il devait s'agir d' un topper d'un modèle extravagant et non anglais ; et il frémit à l'idée de se demander pour quelle chose provinciale plébéienne on aurait pu prendre ce dernier fruit de son doux arbre généalogique. Il emporta donc celui qui portait le chapeau hors de vue dans son coupé et lui donna l'ordre de partir.

« Mais mes bagages ? s'écria le fils.

"Oh, mon homme va s'arrêter derrière et s'occuper de ça. Donnez-lui votre reçu.

Son chapeau mis à part, Harold était vraiment un garçon très présentable, grand et large d'épaules, avec des yeux clairs, une peau brune saine et une généreuse quantité de cheveux bruns bien coupés ; et dans l'ensemble il n'était pas mal habillé : de sorte que le cœur de son père commença aussitôt à lui réchauffer. Ses joues et ses lèvres étaient rasées de près, comme celles d'un acteur ou d'un prêtre, ce qui donnait une certaine rigidité aux lignes de sa bouche. Il se tenait également assez rigidement et se redressa brusquement : mais comme son père avait remarqué un effet à peu près similaire dans le comportement d'un bon nombre de jeunes hommes irréprochables d'Oxford et de Cambridge, il attribua cela à la mode d'une génération, et ne le fit pas. permettez-lui de l'affliger.

"Je ne savais pas que vous aviez une voiture", remarqua Harold après un intervalle.

"Oh, je devrais me ruiner en frais de taxi, vous savez", a expliqué Weir.

« Je suppose que Londres est une ville plutôt chère ?

"Oh, pour ça, c'est choquant !"

«Je suis tombé sur les voitures de troisième classe. Je veux me rapprocher des gens pendant que je suis ici et voir par moi-même comment leur statut se compare à celui du nôtre. Je veux avoir une idée approfondie de la situation économique de l'Angleterre et voir si ce que David A. Wells prétend en faveur du libre-échange est vrai.

"Ah, oui, oui," répondit son père, un peu précipité. Mais la voix du garçon n'était pas désagréable ; son accent, compte tenu d'où il venait, était bien meilleur qu'on aurait pu s'y attendre ; et quant à ses locutions, son choix de mots : « Je dois vous guérir de vos américanismes », a ajouté le parent plein d'espoir.

"Monsieur?" » demanda le fils en le regardant fixement.

« Là, pour commencer, ne m'appelez pas monsieur. Réservez cela pour la royauté. J'ai dit que je devais essayer de vous briser certains de vos américanismes.

"Oh, je sais. Les Anglais disent chemin de fer pour chemin de fer et boîte pour coffre.

« Ah, si ça commençait et finissait là ! soupira Weir.

« Mais je ne vois pas pourquoi notre approche n'est pas aussi bonne que la leur. Nous avons une population de soixante millions pour trente, et... »

« Oh viens, maintenant ! Ne brouillez pas les arguments en introduisant des chiffres.

Mais Harold le regarda si intensément que la conscience de son père le frappa un peu, et il demanda avec sympathie : « J'ai bien peur que vous preniez la vie plutôt au sérieux, n'est-ce pas ?

"Eh bien, certainement", répondit le jeune homme avec gravité. "N'est-ce pas la façon de procéder?"

« Oh, soyez bénis, non. C'est une affaire trop sombre. L'esprit approprié pour l'accepter est celui d'une légèreté inconvenante.

"Je ne pense pas te comprendre, à moins que tu plaisantes."

« Il faut qu'on s'assouplisse un peu, c'est tout », déclara son père. «Mais je dis, nous devons vous procurer un chapeau décent. Plus tard dans la journée, je vais vous emmener chez Mme Midsomer-Norton pour prendre le thé. Eh bien, arrêtez-vous chez un chapelier maintenant. Et il donna les instructions nécessaires à son cocher.

"Qu'est-ce qu'il y a avec le chapeau que je porte ?"

"Nous ne portons pas cette forme à Londres."

« Combien coûtera un nouveau ? »

«Je ne sais pas. Je suis sûr. Vingt-cinq shillings, j'imagine.

«Eh bien, celui-ci m'a coûté huit dollars à Boston il y a à peine trois semaines. Ne pensez-vous pas qu'il serait extravagant d'en acheter un nouveau si tôt ?

« Oh, au diable l'extravagance. Nous devons « aller bien » quoi que nous fassions.

Cette fois, il y avait une nette ombre de douleur dans le regard d'Harold ; et il garda un silence triste jusqu'à ce que le coupé s'arrête chez Scott. Il suivit cependant son père dans le magasin et se soumit résolument à l'opération de montage. Lorsqu'il s'agissait de payer, il avait en effet une grimace très longue et semblait avoir une réelle difficulté mécanique à extraire la pièce essentielle de son sac à main.

«Maintenant, tu as l'air d'un chrétien», affirma son père alors qu'ils remontaient dans la voiture.

"Mais je déteste gaspiller de l'argent."

"Pour l'amour de Dieu, ne me dis pas que tu es serré."

"Je ne pense pas qu'il soit juste de gaspiller de l'argent."

« C'est un préjugé de la Nouvelle-Angleterre. Ici, vous vous en remettrez bientôt.

"Je ne sais pas. Un homme ne devrait jamais gaspiller, surtout avec ce qu'il n'a pas gagné.

« Ah, c'est là que je ne peux pas être d'accord avec toi. Si un homme avait *gagné* son argent, il pourrait naturellement en avoir une certaine affection et souhaiter le garder. Mais ceux qui, comme vous et moi, se sacrifient entièrement par procuration et dépensent ce pour quoi d'autres ont fait l'arrachage, peuvent se permettre d'avoir les mains royalement libres.

Harold ne répondit pas, mais il était évident qu'il avait une charge en tête pour le reste de leur trajet.

Chez Mme Midsomer-Norton, la perplexité et la mélancolie du jeune homme semblaient s'approfondir en quelque chose qui n'était pas loin d'être l'horreur, alors qu'il faisait partie d'un groupe autour de son père et qu'il entendait ce personnage chanter, avec un air de fatigue intense, son désinvolte. des inconséquences .

Il y avait là un petit homme, avec un gros visage blanc et une grande touffe de cheveux roux, que les autres appelaient le Barde ; et il annonça qu'il écrivait un poème dans lequel il faudrait donner en un seul vers une définition générale de la Femme ; et il fit appel à la compagnie pour l'aider.

« Femme », gémit langoureusement Weir en s'appuyant sur la cheminée, « La femme est… un si doux chagrin. »

Il y eut un rire auquel, cependant, Harold ne put se joindre. Alors le barde s'écria : « C'est trop abstrait ; » » et Weir rétorqua d'une voix traînante : « Oh, si vous devez la définir en termes de matière, la femme est une masse d'épingles. » Harold se cacha dans un coin pour cacher sa honte. Il avait l'impression que son père faisait outrageusement l'imbécile.

Le barde se recroquevilla, les jambes croisées comme le Turc barbu, sur le tapis du foyer et répéta quelques vers. Il les traitait de « villanelles » et disait qu'ils « en voulaient aux Français ».

"J'ai perdu mon parapluie en soie,

Quelqu'un d'autre l'a sans doute trouvé :

J'aimerais attraper le gars !

"Ou ça peut être une femme

Jetez sa fascination autour de lui.

J'ai perdu mon parapluie en soie.

"Homme ou femme, beau ou bonjour ,

Qui a osé le saisir,

J'aimerais attraper le gars !

« Tu parles d'une tourterella !

Je préfère perdre un score, confondez-le.

J'ai perdu mon parapluie en soie.

« C'était nouveau et c'était chouette !

Si j'avais sa tête, je la martelerais,

J'aimerais attraper ce type.

« Écoute ma ritoumelle ,

> Du fond de mon cœur, je le fais entendre :
>
> J'ai perdu mon parapluie en soie,
>
> J'aimerais attraper ce gars.

Tout le monde a ri ; mais Harold trouvait les vers stupides et sans intérêt, et pleins de vaines répétitions ; et il s'étonnait que des hommes et des femmes adultes puissent perdre leur temps avec de telles trivialités.

Sur le chemin du retour, il prit son père à partie. « Bien sûr , vous ne pensiez pas ce que vous avez dit dans la maison de cette dame ? » il a commencé.

"Pourquoi? Ai-je dit quelque chose que je n'aurais pas dû ?

Harold fronça les sourcils, émerveillé par la grammaire de son père, et répondit sévèrement : « Tu as dit beaucoup de choses que tu n'aurais pas pu penser. Tu as dit qu'un mensonge à temps en sauve neuf. Vous avez dit que la cohérence est le dernier refuge d'un scélérat. Vous avez dit beaucoup de choses dont je ne me souviens pas, mais qui m'ont semblé plutôt bizarres.

"Oh, nous sommes un groupe terriblement fringant, vous savez", a expliqué Weir. Puis il se détourna un instant, pour se débarrasser d'un importun qui les avait poursuivis pendant une centaine de mètres, le chauffeur leur faisant pleuvoir des invitations de son « dicky ». —« Non, je *ne* serai pas conduit. Je me laisserai guider, mais je ne me laisserai pas conduire », dit-il résolument. « Mais tu vas t'habituer à nous, » continua-t-il en s'adressant à son fils.

« Veux-tu dire que les gens de ton groupe sont toujours comme ça ? Eh bien, il n'y avait pas une seule personne avec qui on pouvait discuter sérieusement de quoi que ce soit.»

«Je ne voulais pas, j'en suis sûr», protesta son père.

Mais le commentaire du fils ne devait pas être détourné. « J'ai demandé à ce monsieur qu'on appelait Major quel serait, selon lui, l'effet de la poudre sans fumée sur la guerre future ; et il avait l'air parfaitement paralysé et a dit qu'il ne savait pas, il en était sûr. Et ce député de Sheffingham , je lui ai demandé quelle était la population de Sheffingham , et *il* ne le savait pas. Et cette dame, Lady Angela quelque chose, je lui ai demandé si elle aimait « Robert Elsmere », et elle a répondu qu'elle ne le connaissait pas.

"J'ai bien peur que nos amis pensaient que tu avais un appétit plutôt morbide pour l'information, Harold."

«Eh bien, je dois dire que je pensais qu'ils étaient très superficiels. Toute mousse et paillettes. Rien de solide ni d'authentique chez eux. Et ce poème que ce petit homme aux cheveux roux a récité ! Aujourd'hui, dans les maisons américaines de ce genre, on entend des conversations sérieuses.

« Votre goût est austère. Mais il faut être charitable, il faut faire des concessions. De plus, certains d'entre nous ne sont pas aussi superficiels qu'on pourrait le penser. Tout ce qui brille n'est pas un clin d'œil. Le major Northbrook, par exemple, est le meilleur joueur de polo d'Angleterre. Et Lady Angela Folbourne est presque la femme la plus peu recommandable. Un mauvais habitué , vous savez, et cela ne s'en cache pas non plus. Parfaitement, franchement, cyniquement méchant. Pourtant, d'une manière ou d'une autre, elle parvient à conserver sa place dans la société et s'adresse à la Cour. Vous voyez, elle doit avoir de solides qualités, de vraies capacités, quelque part ?

« Comment veux-tu dire qu'elle est méchante ? Dans quel sens ?

«Oh, je dis! Vous ne devez pas vous attendre à ce que je mets les points sur les i et que je croise les t comme ça. Une sorte de *société fr commandite* , tu sais.

"Tu veux dire--?"

"Oui, tout à fait."

« Eh bien, mais alors, mon Dieu ! elle ne vaut pas mieux qu'une… qu'une professionnelle… »

« Pire, pire, mon clair. C'est une amateur.

"Je suis surpris que vous connaissiez une telle femme."

"Oh, soyez bénis, c'est une vestale vierge pour les dames que je pourrais vous présenter outre-Manche."

"Quelle horreur!" s'écria le jeune Américain.

« Par pitié, ne me dites pas que vous êtes non-conformiste », plaida son père.

«Je suis épiscopalien», répondit le fils. Il retomba dans son regard ; et puis au dîner, il s'est avéré qu'il était abstinent et qu'il ne consommait pas de tabac.

Dans son journal, avant de se coucher. Harold a fait cette entrée :—

« Les tarifs des taxis à Londres sont de six pence le mile, avec un minimum d'un shilling. Il y a plus de 10 000 taxis à Londres. La ville est mieux pavée que Boston, mais pas aussi propre. De nombreux quartiers conservent leur système de gouvernement paroissial d'origine. Les gens ne sont pas aussi enthousiastes que les nôtres et l'ensemble manque de modernité. Le ton de la société anglaise semble très bas. Demain, je visiterai l'abbaye de Westminster, la cathédrale Saint-Paul, Hyde Park, le British Museum et le Victoria Embankment. Qy . : quel a été le coût de la construction de ce dernier ?

Cela donnera une idée de la danse qu'il mena à son père le lendemain. Harold contemplait la plupart des « sites touristiques », comme il les appelait, dans un silence solennel. À propos de Westminster, cependant, il remarqua qu'il était en mauvais état. « Les Anglais ne semblent pas avoir beaucoup d'esprit d'entreprise », a-t-il déclaré. « Maintenant, si c'était en Amérique… » Mais son père ne comprit pas la conclusion. Saint-Paul lui paraissait étonnamment sale. "Vous devriez voir le nouvel Auditorium de Chicago", a-t-il suggéré. «J'étais là-bas l'année dernière. C'est ce que j'appelle une belle architecture. Et puis, alors qu'ils roulaient le long du remblai, il posa sa question concernant son coût ; et son père s'écria : « Si vous me posez des questions comme celle-là. Je vais m'évanouir. Le journal d'Harold ce soir-là reçut cette pathétique confidence :

« Dans l'ensemble, Londres n'atteint aucune des grandes villes américaines. Quant à mon père, j'espérais hier qu'il disait cela seulement pour plaisanter, mais j'ai peur maintenant qu'il soit vraiment très léger. Il porte des lunettes et parle avec un fort accent anglais. Dépenses ce jour. Et ainsi de suite."

L'aîné Weir, à la même époque, s'occupait également de composition littéraire :

« Ma chère Mme Winchfield.—

«Je suis très en détresse à propos de mon fils. Tu ne crois pas que j'en ai un ? Oh, mais je vous donne ma parole ! Il vient de m'arriver d'Amérique, où je l'ai laissé en otage il y a un quart de siècle. Et il regorge des idées païennes les plus horribles. Je n'ai jamais rencontré une personne aussi sérieuse. Il ne boit pas, il ne fume pas ; il pense que je suis indigne, si vous pouvez l'imaginer ; et il s'oppose à ce que je l'appelle Hal, bien qu'il s'appelle Harold. Je me sens comme un petit garçon fringant à côté de lui, comme l'enfant qui est le père de l'homme. Sa soif de connaissance est alors franchement honteuse. Il m'a presque tué aujourd'hui, *en parcourant* Londres, un guide à la main, et en posant des questions *tellement* embarrassantes. Pouvez-vous me dire, s'il vous plaît, combien de temps les Chambres du Parlement ont été construites ?

« Et combien de dollars y a-t-il dans les coffres de la Banque d'Angleterre ? Et quel est le salaire d'un policier ? Et qui est « le plus grand avocat ici ? » La façon dont il m'a traîné à travers la ville était des plus impies. Nous sommes allés partout, je pense, sauf dans mon club. Mais c'est un très bel homme, et je ne doute pas qu'il y ait quelque chose qui sommeille en lui quelque part, seulement il veut le faire ressortir. Je ne peux m'empêcher de penser que ce dont il a besoin, c'est de l'influence d'une femme fine, sensible, irresponsable, quelqu'un de tout à fait capricieux et grivois, pour l'alléger et le détendre, et lui donner un peu de mousse et d'élasticité.

« J'ai eu le cœur tout à fait brisé quand j'ai appris que vous alliez passer tout l'été à Séré ; mais même dans l'adversité, il y a de doux usages ; et j'aimerais que tu demandes à mon garçon de rester avec toi. Je suis sûr que vous pouvez lui faire du bien, à moins que trop de mois d'air de la campagne n'aient fait de vous une femme sobre. Essayez de le christianiser , et le cœur d'un père vous récompensera de sa bénédiction.

"Toujours le vôtre,

"UN. Seuil."

Alors Harold descendit à Sère ; et quinze jours plus tard, Mme Winchfield écrivait ce qui suit à ses parents :

« Cher Weir,…

« J'ai bien peur que ce soit désespéré. J'ai fait de mon mieux et j'ai échoué grotesquement. Hier, j'ai eu l'occasion de dire, en présence de votre jeune, au colonel Buttington , qui séjourne ici, que si mon mari était seulement absent, j'apprécierais tellement un flirt désespéré avec lui. Harold, mon cher garçon, eut l'air scandalisé , et peu à peu, me trouvant seul, il me demanda (selon les mots de l'interlocuteur du Père William) si je pensais qu'à mon âge c'était vrai ? Il est comme le Français qui emmenait sa femme au spectacle et la grondait quand elle riait en disant : « *Nous ne sommes pas ici pour nous amuser* ». Je le renvoie demain par le train du matin . Gardez-le avec vous et essayez de cultiver quelques vertus domestiques. *A vous* ,

"Margaret Winchfield ."

Harold arriva, l'air très grave. Mais son père parut plus grave encore, et il invita le jeune homme dans la bibliothèque et lui donna son avis. Cela n'a produit aucun effet sensible. Enfin, "Eh bien, j'espère au moins que vous avez généreusement donné un pourboire aux domestiques?" demanda le pauvre homme.

« Non, monsieur, je ne crois pas aux pourboires aux domestiques. Pourquoi leur salaire est-il payé ?

« Tu es tout à fait irrécupérable », s'écria le père. « Puis-je vous demander combien de temps vous comptez rester en Angleterre ?

"Je pense qu'il me faudra environ deux mois pour le faire à fond."

Son père quitta la pièce et donna l'ordre à son homme de faire ses valises pour un long voyage.

- 42 -

UNE COURSE SANS MANCHES.

" *J'ai perdu via tourterelle ,*

Je veux aller après elle . »

JE.

C'était la vieille histoire familière, dans sa version la plus éculée.

Elle avait dix-neuf ans ; il avait vingt-trois ou vingt-quatre ans, avec un revenu juste suffisant pour subvenir à ses besoins en pain et en fromage, ainsi que pour ses perspectives et sa position celles d'un étudiant en art dans un pays d'escrocs. Et ses parents, qui étaient sages dans leur génération, ne voulaient pas entendre parler de fiançailles ; tandis que les jeunes gens, qui étaient stupides dans la leur, n'avaient pas le courage de leur folie. Et ainsi, la chose habituelle s'est produite. Ils ont juré une constance éternelle : « Si ça ne peut pas être toi, ça le sera ». soyez n'importe qui ! » – et il lui a dit au revoir.

Il quitta son hémisphère natal pour acquérir la technique dans les écoles de Paris ; et elle, après un intervalle d'un an ou deux, épousa un autre homme.

Pourtant, même si dans la lettre leur histoire était assez banale, l'esprit, de son côté du moins, était un peu rare. Je suppose que la plupart des jeunes amoureux aiment avec beaucoup d'énergie immédiate ; mais son amour s'est avéré être une fibre qui pouvait résister aux dents du temps. En tout cas, les années passèrent et il ne s'en remit jamais complètement ; il était fidèle à ce vieux vœu conventionnel.

Cela résultait en partie, sans doute, du style de vie isolé et concentré de sa vie, passé loin de la réalité, dans un studio *au cinquième* , seul avec ses tubes de couleur et ses idéaux ; mais je pense que cela était dû en partie aussi à son tempérament. C'était le genre d'homme dont ceux qui le connaissent s'exclament, quand son nom est prononcé : « Ah oui, le cher garçon ! Tout le monde l'aimait et se moquait plus ou moins de lui. Il était extrêmement simple et confiant, très calme, très modeste, très doux et sympathique ; En aucun cas dénué d'esprit, ni totalement dénué d' humour , mais pour l'essentiel disposé à prendre les choses un peu trop au sérieux dans un monde où la légèreté tempérée par la suspicion est le seul substitut sûr à un cynisme sain et sans réserve. Bien qu'il soit réaliste sans compromis dans ses théories, je soupçonne qu'au fond il était enclin à être romantique, voire sentimental. Ses amis changeaient généralement de sujet lorsqu'il entrait dans la pièce, car il montrait une répugnance féminine à l'égard du ton ordinaire des propos masculins . Au début, à ce propos, ils l'avaient bien sûr traité de connard ;

mais ils avaient fini par y voir une petite excentricité gênante, qu'il fallait supporter en raison de ses nombreuses vertus authentiques.

Au reste, il avait une voix douce, une bonne taille et une bonne tenue, un visage saxon net et un talent agréable et gracieux qui, au fil du temps, nourri par l'industrie, lui avait valu une mention honorable, plusieurs fois . les médailles, puis le ruban rouge, et enfin la rosette rouge.

Il était ce qu'on appelle un homme qui a réussi ; et il avait réussi dans une carrière où le succès s'accompagne d'une certaine célébrité : pourtant, c'était une habitude dans son esprit de se considérer comme un échec. C'était en partie parce qu'il avait un sens trop juste de la nature de l'art pour imaginer que le succès en art – le succès à donner une forme matérielle aux visions de l'imagination – est toujours possible ; un artiste pourrait être défini comme quelqu'un dont la mission est d'échouer. En tout cas, ni les médailles ni les décorations ne pouvaient l'aveugler sur le fait qu'il y avait un fossé terrible entre ce qu'il avait projeté et ce qu'il avait accompli, entre les grands tableaux de ses rêves et les toiles qui portaient sa signature. Mais en se considérant comme un raté, je suis sûr qu'il a été principalement influencé par le souvenir qu'il n'avait pas pu épouser cette jeune Américaine aux yeux noirs vingt ans auparavant.

Au début, cela avait transformé sa vie en une sorte de cauchemar éveillé. Il était venu à l'étranger avec un cœur qui avait l'impression d'avoir été écrasé entre les meules du haut et du bas. Son ambition était morte, tout comme son intérêt pour le monde. Il ne pouvait pas travailler, parce qu'il ne voyait aucune couleur dans le ciel et rien que de la futilité dans l'art ; et il ne pouvait pas jouer, il ne pouvait pas se jeter dans les dissipations du Quartier, et ainsi engourdir un peu sa blessure par des excitations physiques immédiates, parce que le plaisir sous toutes ses formes avait perdu sa saveur . Alors une bienveillante Providence s'est interposée et a ordonné qu'il boive un verre d'eau infectée, ou qu'il respire une gorgée d'air empoisonné, qu'il tombe malade de la fièvre typhoïde et qu'il oublie ; et quand il fut convalescent, et qu'il se souvint encore, il se souvint de ceci : qu'elle avait juré sur son âme d'être constante envers lui. Sur quoi il dit : « Je travaillerai comme vingt Troyens, j'anéantirai le temps, je gagnerai de l'argent et je rentrerai chez moi avec une position assurée ; et alors ses parents n'auront plus aucun prétexte pour refuser leur consentement. Dans cette résolution, il trouva un grand réconfort.

Cela faisait environ un an qu'il travaillait comme vingt chevaux de Troie, lorsqu'il apprit la nouvelle de son mariage avec l'autre homme.

Elle lui parvint par hasard (dans une lettre d'un ami disant qu'elle serait célébrée dans quinze jours) le jour même de son événement ; et c'était, par une agréable coïncidence, son anniversaire. Dans un accès de désespoir cynique , il invita beaucoup de ses camarades de classe et quelques dames du quartier à dîner avec lui ; et ils se régalèrent et s'amusèrent jusqu'au lendemain matin, lorsque, pour la première et presque la seule fois de sa vie, il dut être aidé à rentrer chez lui, ivre. Mais son ivresse n'était peut-être pas tout à fait regrettable. Cela l'empêchait de réfléchir ; et pour cette nuit-là, il valait peut-être mieux, dans l'ensemble, qu'il ne réfléchisse pas.

Son humeur cynique et imprudente a duré un mois ou deux. Il célébra le mariage – *faisait la noce* , comme dit l'idiome local – dans un double sens et avec une diligence fébrile. Pendant un instant, il sembla que ce qu'il adviendrait de lui sembla se poser : s'il sombrerait dans la condition d'un *noceur chronique* , ou s'il reviendrait à l'ancien ténor décent de sa voie. Il arriva cependant qu'il n'avait aucun appétit pour l'alcool, et que la mauvaise musique, le mauvais air, les mauvaises communications, le gaz et les heures tardives ne lui procuraient aucune satisfaction permanente : tandis que, quant aux autres femmes, qui ont savouré du nectar peut-on prendre soin du lait et de l'eau ? — qui a perdu une rose peut être consolé avec une fleur artificielle ? C'est ainsi qu'il se disait. Toutes les femmes qu'il connaissait sur la rive droite de la Seine étaient, à son goût, mortellement insipides ; ceux qu'il connaissait à gauche étaient bourrés de sciure.

Et la conséquence fut qu'un matin il se remit au travail ; et malgré la douleur sourde de son cœur, il travaillait avec constance, obstination, de jour en jour, d'année en année, ne faisant presque pas attention au progrès du temps, dans la nature absorbée et méthodique de sa vie, jusqu'à ce qu'il atteigne bientôt quarante ans. , et c'était ce qu'on appelle un homme qui a réussi. Bien sûr, la douleur sourde dans son cœur s'était progressivement atténuée pour devenir quelque chose qui n'était pas entièrement douloureux ; en quelque chose dont la tristesse se mêlait à la douceur, comme une musique plaintive ; mais son image est restée enchâssée comme une idole dans sa mémoire, et je doute que jamais un jour se soit écoulé sans qu'il en consacre une partie à l'adorer devant elle. Il ne se promenait jamais non plus dans les rues de Paris sans penser : « Et si je la rencontrais ! (Il serait presque inévitable qu'elle vienne un jour à Paris.) Et à cette perspective, son cœur bondissait et son pouls s'accélérait comme celui d'un garçon. Car l'art et l'amour entre eux l'avaient gardé jeune ; il ne lui était en effet jamais venu à l'esprit de compter ses lustres , ni de penser que, par rapport à eux, il était d'âge moyen. En outre, il vivait dans un pays où l'on appelle aimablement tout homme jusqu'à ce qu'il se marie. Régulièrement, une fois par an, à l'automne, il envoyait un tableau pour l'exposer à New York, dans l'espoir qu'elle pourrait le voir.

Il a fait laver ses pinceaux un peu plus tôt que d'habitude cet après-midi et est allé se promener dans le jardin du Luxembourg. L'air était langoureux de la chaleur et du parfum du printemps ; au soleil, les reines de marbre, souriant de leur sourire immobile et pierreux, brillaient de mille teintes de rose et d'améthyste, comme si elles eussent été taillées dans quelque substance irisée, comme de la nacre. La façade du vieux palais brillait d'un feu doux ; le feuillage lisse et vert foncé des châtaigniers était parsemé çà et là d'or pâle ; et dans l'ombre profonde des *allées*, d'innombrables enfants s'ébattaient avec véhémence, et d'innombrables couples d'amoureux sentimentalisés en silence. Bien sûr, ils n'étaient que de faux amants, des étudiants et leurs *étudiantes* ; mais on pourrait oublier ça pour le moment, et tout ce qu'il y a de laid dans le charme ambiant.

Il prenait peu à peu un fauteuil, s'asseyait au bord de la terrasse, regardait la danse des ombres et des lumières sur les eaux de la fontaine, et remerciait le ciel pour le plaisir vif et intraduisible qu'il pouvait éprouver à beauté du monde. Il le buvait avec tous les sens, comme s'il s'agissait d'une forme éthérée de vin ; mais aucun vin n'était aussi délicieux, aucun vin n'aurait pu le pénétrer, le faire vibrer et le stimuler comme il le faisait. Cela faisait partie de sa philosophie, je pourrais presque dire d'un article de sa religion, de considérer sa faculté de tirer un plaisir exquis de chaque phase du beau comme une sorte de compensation pour beaucoup des bonnes choses de la vie qu'il avait. avaient manqué; et pourtant, d'une certaine manière au moins, loin de servir de compensation, cela ne faisait qu'ajouter à sa perte. En présence de ce qui était beau, sous le charme de celui-ci, il la désirait toujours avec une douleur intensifiée. Et maintenant, comme il l'avait fait d'innombrables fois auparavant, il soupira intérieurement pour elle : « Ah ! si elle était là ! Si nous pouvions en profiter tous ensemble ! » — J'ose dire, le pauvre homme, c'était un peu ridicule à son âge ; mais il n'a pas vu l' humour .

Il se l'imaginait, sa silhouette élancée, son visage blanc et avide, avec sa pénombre de cheveux bruns, doux comme de la fumée, et ses yeux sombres, profonds et lumineux, comme si des feux pâles brûlaient à l'infini au loin. Il entendit sa voix, basse et mélodieuse, et son rire vif de jeune fille. Et elle lui sourit, un léger sourire triste, plein de tendresse, de désir et de regret. Il lui prit les mains, ses petites mains roses et chaudes, et s'émerveilla d'elles tout en les caressant. Ils étaient comme des images en miniature d'elle-même, si sensibles, si fragiles, si impuissantes, et pourtant dotées de talents si étonnants : car quand il les regardait sauter par-dessus les touches d'ivoire de son piano, frappant invariablement la bonne note avec le bon degré de stress et du bon intervalle de temps (même si, pour un témoin non-initié, leurs mouvements auraient dû paraître tout à fait insensés), il les considérait comme deux sorcières.

S'il n'avait pas compté son âge, ni marqué sur lui son action, il est certain qu'il l'avait traitée avec non moins d'indulgence. Elle lui revenait toujours la même ; toujours la jeune fille de dix-neuf ans qu'il avait laissée derrière lui il y a près d'un quart de siècle.

Ah, si seulement elle était avec lui maintenant, ici dans le vieux jardin pittoresque du Luxembourg ! Comme sa joie serait complète et inexprimable ! Il la conduisait près du grand bassin de la fontaine, où les poissons rouges brillaient comme des flammes ; et ils s'arrêtaient devant les statues des reines et se racontaient les histoires romantiques de ces dames royales décédées ; et combien le soleil serait plus chaud, combien la terre serait plus verte, combien le parfum de l'air serait plus doux ! Peu à peu, ils entreraient au musée, où il lui montrerait son tableau que l'État lui avait fait l'honneur d'acheter, et qui, lui avait-on promis tout bas, trouverait un jour sa place au Louvre. Ensuite, ils descendaient le boulevard, passaient devant le château de Cluny, traversaient le pont et pénétraient dans l'espace ouvert devant Notre-Dame. Et pendant tout ce temps, ils parlaient, parlaient, parlaient, rattrapant le temps qu'ils avaient perdu ; et leurs blessures seraient guéries, et leurs cœurs seraient en repos. C'était étrange, pensa-t-il, qu'elle ne soit jamais venue à l'étranger. Tous les Américains viennent tôt ou tard, et on croise perpétuellement ceux qu'on connaît.

Cependant, il ne l'avait jamais croisée, même s'il n'avait jamais cessé de s'y attendre. Cet après-midi même, par exemple, comme il semblerait tout naturel de la rencontrer. L'irruption annuelle de ses compatriotes avait commencé ; des milliers d'entre eux étaient à Paris en ce moment : pourquoi pas elle parmi eux ? Et elle ne viendrait certainement pas à Paris sans visiter le Luxembourg ; et aujourd'hui était un jour parfait pour une telle visite ; et... s'il devait lever les yeux maintenant...

Il leva les yeux, retenant son souffle une seconde, pensant presque la voir s'avancer vers lui. Effectivement, quelqu'un *s'avançait* vers lui, se tenant devant lui sur le chemin, lui faisant des signaux. Mais, à mesure que les brumes de sa rêverie se dissipaient, il s'aperçut que ce n'était que la vieille femme venue prendre son sou pour la chaise.

Il rentra chez lui, un homme très seul dans un monde très vide.

Cela lui faisait froid maintenant ; le ciel était devenu gris. Il fit allumer un feu dans son salon et resta assis devant lui, découragé, au crépuscule. Au bout d'un moment, son domestique apporta les lampes, en lui remettant en même temps un colis qui venait de chez son libraire. Le colis était enveloppé dans un ancien exemplaire de l'édition parisienne du *New York Herald* ; et il l'étala et le regarda avec indifférence. Il ressentait toujours une vague sorte de mélancolie à regarder un vieux journal ; le jour de son apparition, la vie qu'il enregistrait, les joies et les peines, avaient semblé d'une si grande importance, d'un si immédiat intérêt ; et maintenant ils importaient aussi peu, ils faisaient autant partie de l'histoire ancienne que les vies, les joies et les peines des

Césars . Son regard tomba bientôt sur une colonne intitulée *Nécrologie* ; et là, il a lu la mort de Samuel Merrow. Il retourna précipitamment le journal pour en découvrir la date ; novembre de l'année dernière ; il y a bien six mois. Samuel Merrow était mort à New York, il y avait six mois ; et Samuel Merrow était son mari.

II

Il n'y avait pas beaucoup de passagers sur le paquebot ; à cette époque, le courant de déplacement allait dans la direction opposée. Il y avait un petit homme important, bouffi, aux cheveux blancs, qui l'a abordé sur le pont, le deuxième jour de sortie, et lui a demandé s'il revenait de sa première visite à l'étranger. Il réfléchit un instant et répondit oui ; car bien qu'il ait vécu à l'étranger la moitié de sa vie, il n'avait traversé l'océan qu'une seule fois auparavant. Il était trop timide pour donner une explication, alors il répondit oui. Alors l'homme bouffi se vantait du nombre immense de voyages *qu'il* avait faits. "Oh, je connais l'Europe!" » déclama-t-il et raconta comment son entreprise – il se décrivait comme « acheteur » d'une société d'importateurs d'encres d'imprimerie – l'emmenait sur ce continent deux ou trois fois par an. Il avait un esprit curieux et une grande facilité à interroger les gens. « Excusez-moi, M. Aigrefield , dit-il (il avait appris le nom de notre ami grâce à la liste des passagers), mais que signifie ce bouton rouge dans votre boutonnière ? Une société à laquelle vous appartenez ?

Aigrefield , cachant ce qu'il souffrait, se réfugia de nouveau dans un oui ambigu ; mais il s'enfuit dans sa cabine et mit le « bouton rouge » dans sa boîte : il était absurde de porter les insignes d'un ordre français hors de France.

Ensuite, bien sûr, l'équipage du navire était complété par une dame très intelligente à lunettes, qui restait toute la journée allongée dans un transat et lisait les *Marÿs de M. Pater* (le volume lui dura tout le long du voyage) ; un ecclésiastique statisticien, revenant de ses vacances, une mine de désinformation pratique ; un couple de Français, en voyage, on ne savait pourquoi, car ils semblaient très abattus et désespérés ; une demi-douzaine d'Hébreux, voyageant on ne pouvait s'empêcher de savoir pourquoi, puisqu'ils discutaient de « voollens », de prix et d'expéditions à pleine voix joyeuse ; et l'inévitable jeune occidentale, voyageant seule. Pour la première fois depuis presque vingt ans, il descendait du nuage dans lequel il vivait et se frottait aux réalités de la terre.

La dame très intelligente « savait qui il était », comme elle le lui disait gentiment, et ne parlait que d'art, à sa manière très intelligente. S'il avait eu plus d'humour , ses enthousiasmes pervers, exprimés dans un argot d'atelier extrêmement rudimentaire (elle parlait beaucoup de valeurs et de clés, d'ambiance et de lumière, de choses mal modélisées ou un peu « déviées »), s'il avait eu s'il avait eu plus d'humour , tout cela aurait pu l'amuser ; mais il était, comme nous l'avons dit, un peu trop enclin au sens littéral ; et ce discours le choquait et lui rendait le cœur malade. Sa formule pour ouvrir un sujet, "Maintenant, M. Aigrefield , dites-moi, à quoi pensez-vous..." est devenue une obsession, qui s'abattait sur lui en pleine nuit, lui faisant redouter le lendemain. Tous ces gens, remarqua-t-il, M. Aigrefield le traitait sans pitié. Il aurait souhaité que la langue anglaise ait, à l'usage de ses compatriotes (en Angleterre, ils semblent s'entendre assez bien sans toujours citer de noms), un mode d'adresse semblable au *monsieur français* .

Mais la jeune fille occidentale solitaire lui plaisait. Elle avait fait son premier attrait à ses yeux, par sa forme et sa couleur ; mais quand il la connut un peu , il l'aimait pour son esprit. Elle était grande, avec une silhouette forte et souple, un visage pittoresque par la discrète irrégularité de ses traits, une paire d'yeux gris limpides, un teint frais et une parure pendante de cheveux bruns chauds. Elle avait aussi beaucoup tendance à sourire – un sourire qui dessinait de jolies courbes autour des lèvres, une pensée trop pleine, un demi-ton trop écarlate – d'où il déduisit qu'elle avait un caractère aimable, un cœur léger et un cœur léger. bonne conscience. En l'entendant parler, il remarqua que sa voix était d'une profondeur, d'une douceur et d'une rondeur qui compensaient dans une large mesure la qualité occidentale de son accent. En tout cas, il était attiré par elle : ils parcouraient beaucoup le pont ensemble et faisaient souvent placer leurs chaises côte à côte. Il a philosophé son attirance pour lui en disant : « Elle est une force de la nature, elle est fraîche et simple. » L'« acheteur » de la société d'importation d'encres d'imprimerie lui avait semblé frais, certes, mais pas aussi simple ; la dame qui lisait M. Pater, aussi simple mais pas fraîche ; les messieurs hébreux, et même les malheureux Français, si vous voulez, comme des forces naturelles : mais la jeune fille occidentale réunissait ces nombreux avantages en sa seule personne, et elle devint ainsi sa préférée parmi ses camarades de bord.

Elle s'appelait Lillian Goddard ; elle vivait à Minneapolis, où, comme elle l'informa, son père était juge. Elle était à l'étranger depuis près d'un an, avait passé l'hiver à Rome, parlait un peu d'italien, un peu de français et beaucoup d'américain. Je l'ai décrite comme étant jeune, et j'espère que cela ne sera pas considéré comme un anachronisme lorsque j'ajouterai qu'elle avait vingt-six ans.

Elle était extrêmement patriote et parut choquée et attristée lorsqu'elle apprit qu'il était resté continuellement absent de son pays pendant vingt ans.

«Eh bien, plus je voyais l'Europe, plus j'aimais cette chère vieille Amérique», déclara-t-elle de sa voix grave.

Elle avait le mal du pays autant qu'elle pouvait l'être, a-t-elle dit, et ne pouvait pas rentrer à Minneapolis assez vite. Connaissait-il l' Occident ? —

et encore une fois, elle parut choquée de découvrir la profondeur de son ignorance à ce sujet. Oh, il doit certainement voir l'Occident. Aucun Américain ne pourrait commencer à apprécier son pays sans avoir vu l'Occident. Les gens là-bas étaient si *vivants* , alors allez-y ; et ils s'intéressaient aussi beaucoup à toutes les formes de culture, à la littérature, à la musique, à la peinture, au théâtre. "Eh bien, regardez les grands magazines, leur diffusion dépend de l'Occident." Et puis, les *maisons* de l'Occident ! « Oh, si je vivais en Europe, je perdrais confiance en la nature humaine. Les Occidentaux sont si chaleureux. Je crains que vous ne soyez terriblement antipatriotique, M. Aigrefield .

Il lui rappelait que le patriotisme était le dernier refuge d'un scélérat ; et de toute façon, plaidait-il, c'était trop attendre d'un petit homme qu'il soit patriote pour un continent. Mais elle secoua la tête devant sa perversité, et devina qu'il serait assez fier de son continent s'il l'avait vu, et insista pour qu'il vienne à Minneapolis et regarde autour de lui.

Il l'aimait incroyablement. À mesure que leur voyage avançait, il se surprit à prendre de plus en plus de plaisir à sa proximité ; impatient avec quelque chose qui s'apparentait à une impatience de la rencontrer sur le pont, alors qu'il accomplissait sa toilette matinale ; et se rappelant avec tendresse leur commerce du jour, alors qu'il rentrait la nuit. En outre, le charme de sa beauté forte et irrégulière grandissait sur lui, et il lui dit en souriant : « Quand je viendrai à Minneapolis, tu me laisseras essayer un portrait de toi.

"Ah, alors tu viens vraiment?" demanda-t-elle en s'efforçant de le fixer dans une pieuse résolution.

Il rit vaguement et elle protesta : « Oh, dommage, M. Aigrefield , maintenant vous vous en sortez !

Il la sentait douce, saine et honnête : directe, vigoureuse, tonique : il se demandait si en effet elle ne devait pas ces qualités, en partie, à son sol occidental natal ; et il a admis que l'Occident commençait à prendre une place dans ses affections. Jusqu'à présent, il s'agissait pour lui d'une simple abstraction géographique, qu'il aurait hésité à réaliser par l'expérience. Il imaginait que les couleurs seraient dures, l'action violente, l'atmosphère brute et rugueuse.

"Eh bien, que je vienne vraiment ou non, je suis sûr que j'aimerais vraiment le faire", dit-il maintenant.

«C'est un désir tellement innocent», s'écria-t-elle avec une pointe de moquerie. "Je ne pense pas qu'il serait égoïste de s'y livrer."

"Et si je viens, tu t'assoiras pour moi ?"

"Oh, je ferais n'importe quoi pour une telle cause... pour faire de toi un patriote !"

Au début de son voyage, son impatience d'en arriver au bout était si grande que la progression du paquebot lui avait semblé d'une lenteur exaspérante. Mais alors qu'ils approchaient de New York, une vague crainte de ce qui pourrait l'attendre là-bas, un vague recul face au potentiel et à l'inconnu, lui faisaient presque souhaiter que le vrombissement des moteurs ne soit pas si rapide. Un nuage de possibilités lugubres hantait son imagination, la remplissant d'un étrange frisson et d'une douleur. Il ne s'était jamais arrêté auparavant pour penser à tant de choses qui avaient eu le temps de se produire en vingt ans ; et maintenant ils attaquèrent son esprit en masse et le consternèrent. Même les démarches préliminaires consistant à découvrir où elle se trouve, par exemple, pourraient s'avérer déjà assez difficiles ; et puis---? En tout cas, dans des affaires de ce genre, c'est l'étape suivante qui coûte cher. Dans vingt ans , quels liens et quelles affections elle aurait pu nouer, qui feraient de lui un étranger nécessaire à sa vie et ne lui laisseraient aucune place dans son cœur. Il était jaloux d'un amant supposé (il vivait trop longtemps en France pour se rappeler qu'en Amérique les amants ne sont pas à la mode), d'enfants supposés, d'intérêts et d'occupations supposés : jaloux et effrayé. Et bien sûr , il fallait toujours compter avec le fait qu'elle pourrait être inconsolable de la perte de M. Merrow, même si, pour une raison quelconque, cela semblait la moins probable des éventualités auxquelles il devait faire face. M. Merrow, il le savait, avait été courtier en coton ; il l'avait toujours imaginé comme un personnage grand, plutôt fleuri, avec une voix rauque : capable peut-être d'inspirer une légère affection, mais pas d'un caractère capable de s'emparer des émotions les plus profondes de la nature de Pauline.

Sa nervosité a augmenté de façon démesurée après que le pilote soit monté à bord. Il marchait rapidement d'avant en arrière sur le pont, à peine conscient de ce qu'il disait à Miss Goddard, qui le suivait. Elle rit tout à coup – de son profond rire de contralto ; puis il lui demanda très sérieusement s'il avait dit quelque chose d'absurde.

"Tu ne *sais pas* ce que tu as dit?" s'exclama-t-elle.

« Je… je ne m'en souviens pas seulement. Je pensais à autre chose", a-t-il avoué en fronçant les sourcils.

« Eh bien, ce n'est pas très élogieux pour moi, n'est-ce pas ? Pourtant, si vous pouvez dire de telles choses sans le savoir, je suppose que je dois vous pardonner. Je vous ai demandé quelle était, selon vous, la meilleure définition courte de la vie, et vous avez répondu qu'il y avait une chance de faire des erreurs.

"Je n'aurais jamais pu dire quelque chose d'aussi bon si j'avais eu toute ma tête", a-t-il expliqué.

D'innombrables souvenirs et associations anciens surgissaient maintenant en lui ; et tandis qu'il se penchait par-dessus la rambarde et regardait les eaux troubles de la baie de New York, les chapitres européens de sa vie devenaient une simple parenthèse, et le texte se joignait au mot où il avait été interrompu quand il avait vingt-quatre ans. . Aussi désolé qu'il puisse être, il était toujours fait de chair et de sang ; et il ne pouvait pas aborder la terre de son enfance, de sa jeunesse, de son amour et de sa perte, sans quelques émotions touchantes en plus de celles qu'évoquait la perspective de la rencontrer. Ses autres anciens compagnons seraient sans doute morts ou dispersés ; sinon ils l'auraient oublié comme lui, en fait, les avait oubliés jusqu'à hier. De toute façon, il n'essaierait pas de les rechercher. Il savait qu'il devait se sentir étranger parmi les siens ; il n'augmenterait pas la morosité de cette situation en dénichant d'anciens intimes pour se retrouver méconnu, ou en s'enquérant d'eux pour se faire dire qu'ils étaient morts. Il n'avait pas formulé très clairement ses intentions positives, mais elles résidaient probablement dans son subconscient, brèves et précises, quoique quelque peu myopes et peu pratiques : il ferait sa cour aussi rapidement que possible et porterait son épouse. triomphalement par-delà les mers, jusqu'à son domicile à Paris.

Il dit au revoir à Miss Goddard sur le quai, tandis que ses malles étaient fouillées par l'inspecteur des douanes.

"Maintenant, attention, vous devez venir à Minneapolis", insista-t-elle, alors que sa main reposait dans la sienne, rendant sa pression ; et il pouvait percevoir une nuance de sérieux derrière le sourire qui illuminait ses yeux.

« Au revoir, au revoir », répondit-il avec ferveur, ému tout d'un coup par un sentiment qu'il aurait eu du mal à nommer. "Je te surprendrai peut-être en venant là-bas un de ces jours."

Puis sa main se retira, et elle disparut dans un fiacre. Il se remit à faire examiner ses bagages, avec le sentiment d'avoir été abandonné par son dernier ami.

« Quel courage il faut pour vivre ici », telle était la réflexion qui lui faisait hocher la tête tandis qu'il conduisait sur les pavés grossiers, à travers les rues sales et ignobles, jusqu'à son hôtel. Cela lui parut encore plus déprimant, lorsqu'il émergea de l'enchevêtrement sordide de la ville basse pour rejoindre le caractère rectangulaire suffisant de la ville haute. Il était sûr que Pauline serait heureuse d'échanger tout cela contre les perspectives aériennes, la propreté, les couleurs gaies , la variété de Paris. Bien entendu, il lui faudrait renoncer à sa garçonnière donnant sur le Luxembourg. Il lui louerait, ou achèterait, ou même lui bâtirait une maison convenable, dans le quartier de l'Étoile ou près du parc Monceau .

Il feuilleta les pages de l'Annuaire que l'employé de l'hôtel lui montrait avec condescendance et découvrit que l'adresse de M. Morrow était une vingtaine d'années, dans une rue qui n'avait pas de nom, mais seulement un numéro et une boussole pour y parvenir. servir pour un; et cela lui semblait en parfait accord avec le caractère sans imagination et professionnel du défunt courtier en coton. Pauline, devenue veuve, aurait très probablement déménagé. Il était trop tard pour téléphoner aujourd'hui, l'heure du dîner étant proche (il avait oublié qu'à New York il n'est pas interdit d'appeler après le dîner), mais il lui écrirait un petit mot pour l'informer de son arrivée. et me proposant de venir demain dans la matinée. Sur le coin de l' enveloppe , il inscrivait « S'il vous plaît, avancez », pour anticiper l'éventualité d'un déménagement. Il pourrait alors laisser au destin et aux autorités postales le soin de faire le reste.

III

La Cinquième Avenue s'étendait devant lui en une ligne droite sans fin, la prose de son architecture étant obscurcie par le crépuscule naissant et ponctuée de façon monotone par les réverbères. Attaché à l'un d'eux, il trouva bientôt une boîte aux lettres et y déposa le mot qu'il avait écrit. « Est-ce que Mme Merrow — c'était Pauline Lake — se souvient d'Henry Aigrefield ? Et si oui, peut-il venir chez elle demain à onze heures ? C'est ainsi qu'après avoir détruit une douzaine de feuilles de papier, il avait enfin réussi à formuler son message.

Il remonta lentement la longue Avenue, coupée à angle droit et à intervalles fixes de deux cents pieds, par des rues qui se ressemblaient suffisamment pour suggérer l'idée qu'elles avaient toutes été coulées dans le même moule morne et meublées au goût du jour . municipalité prête à l'emploi; devant les innombrables maisons couleur café , avec leur maudite itération de petits seuils rigides ; et il s'étonnait de la complaisance aveugle d'un peuple qui pouvait honnêtement considérer cette artère comme l'une des plus belles du monde. La région qu'il traversait lui rappelait certains hectares mélancoliques du sud de Londres, où le greffier de la ville a sa humble et triste demeure : c'était un tel quartier devenu riche et prétentieux, mais nullement adouci ou embelli.

Vivreait- *elle* dans une de ces insignifiantes boîtes de pierre brune ? «26, E. 51», l'adresse qu'il avait lue dans le Directoire, semblait suffisamment peu prometteuse. C'était la maison de M. Merrow , et M. Morrow était un New-Yorkais pragmatique. Mais l'intérieur ? Il représentait l'intérieur comme étant tout à fait charmant et délicieux, car, dans la nature des choses, l'intérieur devait son caractère à la femme de M. Merrow . Une bonne détrempe sur les murs, quelque chose de léger mais de chaud : de la poussière de brique ou un gris nacré et rosé ; des chaises et des tables simples et gracieuses ; quelques bonnes images, d'innombrables bons livres dans de bonnes reliures : sur tout la douce lueur des bougies ; et au milieu de tout cela, donnant unité et sens à tout cela, une dame, une grande dame élancée, en robe noire, avec un visage pâle et sérieux, des yeux sombres pleins de feu endormi, et au-dessus de son front blanc une riche ombre de cheveux bruns. Elle lisait, la tête un peu penchée, les pieds posés sur un petit tabouret d'une étoffe rouge terne qui donnait de la profondeur au bas du tableau, tandis que la lueur des bougies jouait sur ses cheveux, sur sa joue et son cou, sur la page d'ivoire. de son livre et la main qui le tenait, rendaient rayonnantes les parties supérieure et médiane. Après vingt ans, comme elle avait peu changé ! Son visage n'avait rien perdu de sa délicatesse de jeune fille, de son innocence vierge, il avait seulement gagné une qualité de fermeté, de sérieux et de force. Il trouva une femme là où il avait laissé un enfant, mais la femme n'était que l'enfant mûri et ennobli. Alors que la porte s'ouvrait pour l'admettre, elle leva les yeux, perplexe un instant, ne voyant pas qui il était ; mais alors, tout d'un coup, elle se leva et s'avança vers lui, l'appelant très bas, très bas, si bien qu'il tomba dans ses oreilles comme une note de musique. Et son cœur battait à tout rompre, et il tremblait délicieusement de tous ses membres.

Pourquoi, commençait-il maintenant à se demander, pourquoi, après tout, reporterait-il à demain la réalisation de cette grande joie ? S'il n'était pas conventionnel de rendre visite le soir, elle, qui n'avait jamais été à cheval sur les conventions, le pardonnerait à l' ardeur et à l'impatience de sa passion, il l'attendait vingt ans ; c'était assez long, sans y ajouter une autre période interminable de douze heures. Quoi qu'il en soit, il ne pouvait y avoir aucun mal à sonner la cloche du numéro 26, E. 51, et à lui demander si elle y habitait encore et, dans le cas contraire, où elle était allée. On pourrait ainsi économiser davantage d'heures précieuses ; et–et il le ferait.

La maison, en effet, ne paraissait pas très différente de la multitude qu'il avait laissée derrière lui ; mais il aurait pu embrasser la servante irlandaise qui lui a ouvert la porte, car à ses deux questions elle a répondu oui. Oui, Mme Merrow vivait ici ; et oui, elle était à la maison. Voudrait-il entrer dans le salon , s'il vous plaît, et quel nom devrait-elle dire ? De peur que le nom ne soit dénaturé lors de sa transmission, il l'a équipée de sa carte. Puis il s'assit dans le « salon » pour attendre son sort.

C'était une pièce nue, et, à l'éclat du gaz qui l'éclairait, il vit que l'influence de M. Merrow avait pénétré au moins jusqu'à présent au-delà de son seuil. Le sol était recouvert d'un tapis au goût fleuri de 1860. Les chaises étaient recouvertes d'une épaisse peluche aux couleurs chaudes, sur laquelle était gravé un motif géométrique. Un vaste cortège de petits vases et d'objets en porcelaine, multipliés par le miroir de la cheminée et les trumeaux, jetaient un surcroît de désespoir dans les espaces qu'ils étaient censés décorer, mais seulement encombrés, le domaine de Pauline, concluait-il, serait au-dessus. escaliers.

La porte s'ouvrit au bout de quelques minutes et il se leva, avec un sursaut de cœur, pour la saluer. Mais non, ce n'était qu'une grosse femme sans intérêt (une visiteuse, une belle-sœur, raisonnait-il vivement) venue sans doute excuser Pauline si elle le faisait attendre. Il remarqua que la grosse dame était en deuil ; et cela confirma son hypothèse selon laquelle elle se révélerait être une parente de feu M. Merrow. Elle portait ses cheveux en une série de boucles raides (« bandelettes », je crois qu'on les appelle techniquement) sur un front haut et incliné ; les cheveux étaient fins et filandreux, de sorte que, se dit-il, son frère était sans doute chauve. Deux yeux opaques regardaient placidement hors des étendues blanches de son visage ; et il pensait, en l'accueillant, qu'elle pourrait incarner toute la monotonie et la platitude qu'il avait ressenties dans l'air autour de lui depuis l'heure de son atterrissage à New York.

Cependant, il restait là, silencieux, faisant une sorte de salut interrogatif et attendant qu'elle expose ses affaires.

Elle avait semblé l'étudier avec une certaine curiosité, d'un genre doux et flegmatique, ce qui lui faisait valoir que peut-être elle n'était pas totalement ignorante de ses anciennes relations avec la veuve de son frère. Mais maintenant, il éprouva un net spasme d'horreur, tandis qu'elle penchait la tête de côté et, ouvrant les lèvres, remarqua lymphatiquement, d'une voix résignée et sans résonance : « Eh bien, je le déclare ! C'est toi, Harry Aigrefield ? Eh bien, tu es gris comme un rat !

Il se laissa tomber sur sa chaise, submergé par le brusque désenchantement ; et il comprit que c'était réciproque.

IV

Il resta assis, inerte, au milieu des morceaux de son idole brisée, pendant peut-être une demi-heure, et discuta de diverses choses avec Mme Merrow. Elle lui demanda s'il était toujours aussi fou de peindre des tableaux qu'avant : ce à quoi il répondit, avec un rire creux, qu'il le craignait. Eh bien, dit-elle d'un ton ludique, elle supposait qu'il devait toujours y avoir des gens harum-scarum dans le monde ; et a ajouté que "Sam" avait "simplement inventé de l'argent" en tant que courtier en coton et l'avait laissée très aisée. Il était mort d'une pneumonie, suite à une crise de « grip ».

"Je suppose que ça vous semble plutôt drôle de retourner en Amérique après tant d'années ?" » demanda-t-elle langoureusement. « Les choses ont considérablement changé.

Il reconnut que c'était vrai et lui souhaita bonne nuit. Elle l'accompagna jusqu'à la porte, où elle lui serra la main de manière inélastique, accompagnée d'une invitation à rappeler.

Dans sa chambre d' hôtel , il restait assis devant sa fenêtre jusque tard dans la nuit, fumant des cigarettes et essayant de se ressaisir. La dernière lueur persistante de sa jeunesse avait été éteinte ; et ainsi toute la couleur de l'univers fut altérée. Il sentait qu'il avait inversé le cas du *gentilhomme bourgeois* et qu'il faisait depuis vingt ans de la mauvaise poésie, c'est-à-dire qu'il se ridiculisait en sentimental ; et son chagrin était aussi vif que celui de sa récente désillusion.

Samuel Merrow était mort, tout comme Pauline Lake ; ou peut-être que Pauline Lake, tel qu'il l'avait aimée, n'avait jamais existé en dehors de sa propre imagination. En tout cas, Henry Aigrefield était mort, mort comme les feuilles de l'automne dernier ; et c'était un autre homme qui portait ses vêtements et portait son nom.

Il jeta un coup d'œil à son miroir et vit en effet, comme on le lui avait récemment rappelé, que ce nouveau personnage d'âge moyen, d'apparence respectable, était « aussi gris qu'un rat », bien qu'il n'aimât pas mieux cette silhouette. pour sa vérité. Il fallut plusieurs heures de dur labeur mental pour commencer le réajustement nécessaire de ses facultés. Le passé avait cessé d'être pour lui la fraction du temps la plus importante ; le présent et l'avenir étaient devenus importants.

Dans la poussière et la confusion de son naufrage, une seule chose était parfaitement claire : il ne supportait pas New York. Mais la question de savoir où aller était aussi grande que la circonférence de la terre. De retour à Paris ? Ou que dire de cette autre région dont il avait tant entendu parler ces derniers jours, l'Occident ? Peu à peu, la forme de Miss Lillian Goddard commença à se déplacer de manière rafraîchissante parmi ses réflexions ; il imaginait le sourire avec lequel elle l'accueillerait, si, par hasard, il se dirigeait vers Minneapolis. C'était un sourire qui semblait promettre cent douceurs indéfinies , et cela lui réchauffait le cœur. « Si je devais aller à Minneapolis… » commença-t-il ; puis il resta assis sur sa chaise pendant vingt minutes ; puis il se leva de l'air d'un homme qui a pris une vigoureuse résolution.

Tout en se déshabillant, il fredonnait doucement une ou deux lignes de ses chansons préférées. poète,-

« Ce sera demain,

Pas ce soir:

Je dois enterrer le chagrin

Hors de vue.

UN SOUVERAIN LÉGER.

JE.

La cause du tumulte s'est avérée assez simple.

En débouchant sur la Bischofsplatz , de la rue que j'avais suivie, je trouvai une grande foule rassemblée devant le Marmorhof , criant : « Mort à Conrad ! et "Où est Mathilde?" avec toute la force de ses poumons collectifs. Le Marmorhof était la résidence du prince Conrad, frère du grand-duc Otton régnant, certes, mais maintenant très vieux et malade, et désireux de mourir. Le successeur légitime au trône aurait été la petite-fille d'Otto, Mathilde, seule enfant survivante de son fils aîné, Franz-Victor, décédé depuis dix ans. Mais le frère du grand-duc, Conrad, était avide de ses droits ; cupide et, comme le prétendaient ses amis, sans scrupules. Depuis longtemps, disait-on, Mathilde craignait pour sa vie. Conrad était sans scrupules et, si seulement elle était à l'écart, Conrad parviendrait à régner. La rumeur murmurait en effet qu'il avait fait trois tentatives réelles pour provoquer sa mort : deux par le poison, une par le poignard, chacune, grâce à quelque miracle, sans succès. Mais, depuis quinze jours, dès la première apparition de symptômes mortels dans la maladie du pauvre vieux Otto, Mathilde avait mystérieusement disparu. On ne savait pas où elle se trouvait, tout X———était en agitation.

« Elle s'est enfuie et se cache », ont supposé certains, « pour échapper aux desseins de son méchant oncle ».

«Non», rétorquaient d'autres, «mais lui, le méchant oncle lui-même, l'a kidnappée et séquestrée, peut-être même éliminée. Qui peut le dire ?

En tant qu'étranger curieux, la situation m'intéressait et, du haut d'un seuil commode, je regardais maintenant avec beaucoup de curiosité cette foule teutonique à la voix grave.

Il devait compter plus d'un millier d'individus, compacts en son centre et près du palais, mais dispersés vers ses bords ; une mer de visages, de visages pâles et renfrognés ; une mer agitée et agitée. Des visages de jeunes hommes pour la plupart ; beaucoup d'entre eux sont imberbes. « Des étudiants de l'université », ai-je deviné.

Ma propre station était à la périphérie de l'assemblée, la station d'un spectateur occasionnel. Partageant le pas de ma porte se trouvaient deux prêtres au visage acéré, deux ou trois jolies jeunes filles – tête nue, sans doute échappées des boutiques voisines – et un jeune homme avec une barbe noire pointue, des cheveux noirs assez longs et un chapeau de feutre doux et à larges bords, qui semblait en quelque sorte être un membre de cette guilde à laquelle j'appartenais moi-même, l'ancienne et douteuse compagnie d'artistes.

C'est à lui que je m'adressai pour obtenir des informations... « Des étudiants, je suppose ?

« Oui, leurs dirigeants sont des étudiants. Les étudiants et les artisans de la ville sont du groupe de la princesse. L'armée, le clergé et les gens de la campagne sont pour le prince. Il avait deviné à mon accent que j'étais étranger : d'où sans doute la plénitude de sa réponse.

"Cela semble être une foule assez inoffensive", suggérai-je. « Ils font beaucoup de bruit, c'est sûr ; mais cela ne brise aucun os.

« C'est justement le point », dit-il. « Les amis de la princesse ne se battent qu'à la gorge. Autrement, la complication actuelle n'aurait peut-être jamais surgi. »

Pendant ce temps, la multitude continuait à crier le plus fort ; et pour Conrad, dans l'ensemble, le quart d'heure devait être mauvais.

Bientôt, cependant, l'appel d'un clairon retentit au loin et se rapprocha de plus en plus, jusqu'à ce que le clairon en personne apparaisse, magnifique en uniforme, monté sur un cheval blanc, avançant lentement sur la Bischofsplatz, vers la foule, claironnant de tous . sa puissance.

"Quelle est la signification de cela?" J'ai demandé.

"Un signal pour se disperser", répondit mon compagnon. « Il ressemble à un général de division, n'est-ce pas ? Mais ce n'est qu'un sergent trompette, et il est suivi à cent mètres par un bataillon d'infanterie. Son coup de trompette est un avertissement. Disperser! Ou, si vous tardez, méfiez-vous des soldats !

«Son avertissement ne semble pas rester lettre morte», ai-je remarqué.

« Oh, ils sont vraiment timides, ces amis de la princesse », acquiesça-t-il avec mépris.

Déjà, la foule commençait à fondre. En quelques minutes, il ne restait plus que quelques traînards noués ici et là, parmi lesquels ma connaissance et moi-même.

C'était un beau jeune homme, avec un visage mince et sombre, des yeux marron clair et une voix si douce que si je l'avais entendu sans le voir, j'aurais presque cru que celui qui parlait était une femme.

« Nous aussi ferions mieux de partir », dit-il.

« Et prouver que nous avons aussi le cœur de poule ? ai-je demandé.

"Oh, la discrétion est la meilleure partie de la valeur ", répondit-il.

«Mais j'aimerais voir l'arrivée des militaires», ai-je soumis.

"Ha! Que vous le vouliez ou non, j'ai bien peur que vous deviez le faire maintenant », a-t-il crié. "Les voilà."

Avec un bruit murmurant clochard, clochard, ils affluaient sur la Bischofsplatz depuis les rues latérales qui y conduisaient.

« Il faut prendre la fuite, dit mon jeune homme.

« Nous n'étions que des spectateurs », dis-je.

« Innocence consciente », a-t-il ri. "Néanmoins, nous ferions mieux de courir pour y arriver."

Et, avec nos camarades flâneurs, nous avons commencé à nous enfuir ignominieusement. Mais avant d'avoir couru loin, nous avons été arrêtés par la voix d'un officier.

"Arrêt! Arrêt! Arrêtez-vous, ou nous tirons ! »

Comme un seul homme, nous nous sommes arrêtés. L'officier s'est approché de nous à cheval et, avec une véritable taciturnité militaire, n'a prononcé aucun mot ni de question ni d'explication, mais nous a formés en rangs de quatre de front et nous a entourés de ses hommes. Puis il donna l'ordre de marcher. Nous étions peut-être une vingtaine de captifs, au total, et un bon quart d'entre nous étaient des femmes.

"Qu'est-ce qu'on fait maintenant?" Je me suis demandé à voix haute.

« Disgrâce, décapitation, privation des droits civiques, ou, disons, une nuit au château Saint-Michel, à tout le moins », répondit mon ami en haussant les épaules.

"Ah, ce sera romantique", dis-je, me sentant comme si je me lançais dans une vie d'aventure.

II

Il avait raison. Nous traversâmes la ville et pénétrâmes dans la cour du château Saint-Michel. Lorsque nous arrivâmes sur place, et que les lourdes portes en chêne furent fermées derrière nous, il faisait presque nuit.

« Ici vous passez la nuit », annonça notre officier. "Demain, hum, nous verrons."

« Voulez-vous dire qu'ils ne nous offriront pas de meilleur logement que celui-ci ? ai-je demandé.

" Il semble que ce soit le cas", répondit le jeune homme brun. "Heureusement, cependant, la nuit est chaude, le ciel est clair et communier avec les étoiles est réputé pour élever l'esprit."

Notre officier avait disparu dans le château, nous laissant un caporal et trois soldats en garde d' honneur . Nous, les prisonniers, nous sommes rassemblés au milieu de la cour et avons tenu une sorte de réunion d'indignation improvisée. Les femmes étaient particulièrement éloquentes dans leurs plaintes. J'en reconnus deux parmi mes voisins de porte et nous échangâmes des regards compatissants. Les quatre autres étaient des femmes d'un certain âge, qui portaient des casquettes et des tabliers et ressemblaient à des servantes.

« Les cuisiniers », murmura mon camarade. « De bons bourgeois attendront leur souper. Oh, quelle alouette !

Notre congrès s'est finalement terminé par une résolution selon laquelle, même si nous avions été très mal traités, il n'y avait rien à faire.

« Nous devons souffrir et rester tranquilles. Installons-nous aussi confortablement que possible et cherchons à nous distraire dans un échange d'idées », proposa mon compagnon. Il s'assit sur un tonneau qui reposait longitudinalement contre le mur du château et me fit signe de me placer à côté de lui.

"Vous êtes anglais?" » s'enquit-il d'un ton allemand brusque.

"Non, je suis américain."

« Ah, c'est la même chose. Un touriste?"

"Tu penses que c'est la même chose ?" J'ai interrogé tristement. « Vous ne le savez pas. Mais… oui, je suis un touriste.

"Est-ce que tu es depuis longtemps en X———?"

"Trois jours."

"Pour l'amour du ciel, qu'as-tu trouvé pour te retenir ici trois jours ?"

"Je suis peintre. La ville peut être peinte.

"Nature morte! *Nature morte !* " il pleure. « C'est la petite ville la plus ennuyeuse de la chrétienté. Mais je suis content que tu sois peintre. Je suis musicien, violoniste.

«Je me doutais que nous étions du même acabit», dis-je.

« Mais oui ? C'était astucieux. Mais moi aussi, je semblais sentir une âme sœur.

«Voici ma carte. Si nous ne sommes pas décapités demain matin, j'espère que nous pourrons nous revoir davantage, continuai-je en m'échauffant.

Il prit ma carte et, à la lueur d'une allumette allumée pour la circonstance, lut à haute voix : « M. Arthur Wainwright », prononçant le nom anglais sans difficulté. "Je n'ai pas de carte, mais je m'appelle Sébastien Roch ."

"Vous parlez Anglais?" était ma conclusion. "Oh, oui, je parle une sorte d'anglais", a-t-il avoué en utilisant la langue en question. Il n'avait presque aucune trace d'accent étranger.

"Vous le parlez exceptionnellement bien."

"Oh, je l'ai appris quand j'étais enfant, et puis j'ai de la famille en Angleterre."

"Pensez-vous qu'il y aurait une objection à ce que nous fumions ?" J'ai demandé.

"Oh non! fumons par tous les moyens.

Je lui ai offert mon étui à cigarettes. Nos cigarettes allumées, nous avons repris notre conversation.

« Dites-moi, quelle est, selon vous, la vérité sur Mathilde ? J'ai commencé. "Est-ce qu'elle se cache volontairement, ou est-ce que son oncle est au fond de cette histoire ?"

"Ah, c'est une énigme trop difficile", protesta-t-il. « Je n'en sais rien et j'ai à peine une opinion. Mais je peux dire très franchement que je ne suis pas de ses partisans. Elle n'a pas de pire ennemi que moi.

"Quoi! Vraiment? Cela m'étonne. Je pensais que toute la jeunesse de X... lui était dévouée.

« C'est peut-être une personne assez inoffensive à sa manière, et je n'ai rien de positif à lui reprocher ; seulement, je ne pense pas qu'elle soit faite pour un monarque régnant. Elle est trop étourdie, trop étourdie ; elle pense trop peu à sa dignité. Le cérémonial de cour lui est infiniment ennuyeux ; et la vie lente et morte de X——— qu'elle déteste assez. Inoffensif, nécessaire X——— elle est connue pour l'appeler. Elle n'a jamais été censée être le capitaine de ce petit navire d'État ; et avec un tel équipage ! Vous devriez voir les ministres et les courtisans ! Des os secs et du parchemin, gonflés avec une fastidieuse eddigette allemande ! Elle est née bohème, artiste, comme vous ou moi. Je la plains, la pauvre, je plains tous ceux qui sont destinés à habiter cette morne Principauté, mais je ne peux pas l'approuver. Elle aussi joue du violon. Ma propre pensée est la suivante : méfiez-vous des monarques qui jouent du violon ! »

"Vous faites allusion à Néron."

« Payez un Néron croisé avec un Haroun-al- Raschid . Je crains que son règne ne soit diversifié par de nombreuses escapades nocturnes, comme celle du joyeux calife, mais sans son mélange de réparations injustes. Elle chercherait uniquement son propre divertissement ; mais chercher ça en X——————! autant chercher du sang dans un manche à balai. Oh, elle ferait des bêtises sans fin. Le diable n'a pas d'agent comparable à une femme qui s'ennuie.

"C'est plutôt vrai." J'ai accepté en riant : « Et Conrad ? Et lui ?

« Oh, Conrad est une bête ; une bête calculatrice aux yeux louches. Mais une bête pourrait faire un assez bon Grand-Duc ; et d'ailleurs, une bête, c'est tout ce que mérite un petit Grand-Duché bestial comme celui-ci. Cependant, pour vous confier mon sentiment secret, je ne crois pas qu'il aura la chance de le prouver. Mathilde, malgré tout son ennui, est décrite comme tenace de ses droits, et comme un petit corps astucieux aussi, au fond . C'est incohérent, mais voilà la femme. Je ne peux m'empêcher de soupçonner, d'une manière ou d'une autre, que, à moins qu'il ne l'ait vraiment tuée et enterrée, elle parviendra par tous les moyens à accéder à son trône.

Cette nuit fut longue, même si nous avons beaucoup parlé : froide, elle aussi, même si nous étions en plein été. Je m'assoupis un peu, avec le mur de pierre du château pour oreiller, tout en restant à moitié conscient que Sébastien Roch flirtait avec les deux jeunes filles. Au point du jour, notre garde fut relevée. À six heures, nous reçumes la visite d'un petit lieutenant pimpant, qui nous examina, nous demanda nos noms et d'autres questions personnelles, se gratta le menton un instant en réfléchissant, et enfin, d'un air inspiré, nous dit de partir. Les portes se sont ouvertes et nous sommes sortis libres de notre prison.

«Cela fait presque sensation», a déclaré Sébastien Roch . « On peut donc éprouver presque une sensation, même en X——————! Vis et apprend."

«Vous n'êtes pas un patriote», dis-je.

« Mon cher monsieur, je suis le patriotisme incarné. Seulement, je trouve mon pays ennuyeux. Si c'est une trahison, profitez-en. Je ne pouvais pas t'aimer si bien, ma chère, je n'en aimais pas moins . Ce n'est pas tous les soirs de ma vie que je suis arrêté et que je m'assois sur un tonneau en train de fumer des cigarettes avec un étranger éclairé. Les Anglais ne sont généralement pas considérés comme une race vive, mais en comparaison avec les habitants de X... ils brillent comme des diamants.

«J'ose dire», ai-je acquiescé. "Mais je ne suis pas anglais, je suis américain."

— Ainsi je m'en rends compte à votre accent, répondit-il avec impertinence. « Mais comme je vous l'ai déjà dit une fois, cela revient au même. Vous portez votre rue avec une différence, c'est tout.

« En parlant de sensations, dis-je, je vendrais mon droit d'aînesse pour une tasse de café. »

"Vous ne trouverez aucun café éveillé à cette heure", dit Sebastian.

"Alors je vais en réveiller un."

"Quoi! et provoquer une violation de la loi. Selon la loi, ils ne sont pas autorisés à ouvrir avant sept heures.

« Oh, les lois soient pendues ! Je dois prendre une tasse de café.

"Vraiment, tu es charmant", affirma Sebastian en passant son bras sous le mien.

Bientôt, nous arrivâmes dans une brasserie, à la porte de laquelle je commençai à frapper. Mon ami se tenait là, tremblant de rire, ce qui me paraissait disproportionné à l' humour de l'événement.

« Vous êtes facilement amusé », dis-je.

« Oh non, loin de là. Mais c'est vraiment une plaisanterie, vous savez, dit-il.

Peu à peu, nous étions assis l'un en face de l'autre à une table, en sirotant un café chaud.

En regardant Sébastien Roch, j'ai observé un phénomène surprenant. Le sommet de sa moustache droite s'était détaché de la peau et dépassait d'un demi-pouce de sa joue ! Cette vue m'a fait frissonner le dos. Ce n'était certainement pas naturel. Ses yeux étaient brillants, sa voix était douce, il parlait anglais comme un homme et un frère, et son caractère semblait fantaisiste et ouvert ; mais sa barbe, sa barbe noire et pointue – que je ne suis pas sûr de ne pas lui avoir un peu enviée – était étrange et, instinctivement, je cherchais ma montre. Il était en sécurité à sa place, tout comme mon sac à main. C'est pourquoi, à la porte du Bierhaus , nous nous sommes dit au revoir amicalement, en temps voulu, en promettant de me chercher un de ces jours à mon hôtel.

« J'ai apprécié votre société plus que vous ne pouvez le penser », a-t-il déclaré. "Certains de ces jours, je passerai te voir, *à limproviste* ."

III

Cet après-midi-là, je me trouvais de nouveau sur la Bischofsplatz , assis à l'une des tables en plein air du café, lorsqu'un homme passa devant moi, vêtu du costume d'un moine franciscain. Il avait une barbe noire pointue, ce moine, et une paire d'yeux sombres et brillants ; et, bien qu'il ait rapidement mis la tête dans sa capuche lors de notre rencontre, je n'ai eu aucune difficulté à l'identifier avec mon camarade de prison étrangement hirsute, Sebastian Roch .

"Cher moi! il est devenu moine. Cela a dû être une conversion rapide », pensais-je en m'occupant de lui.

Il a traversé directement la Bischofsplatz et est entré dans la cour du Marmorhof , où il a été perdu de vue.

"Le mendiant! C'est un des espions de Conrad, concluai-je : et je fouillai dans ma mémoire pour me rappeler si j'avais dit quoi que ce soit qui pût me compromettre au cours de notre conversation.

Quelques heures plus tard, je m'asseyais pour dîner dans le café de l'Hôtel de Rome, et j'étais sur le point de m'effondrer devant les bonnes choses qui s'offraient à moi, lorsque je fus arrêté en flagrant délit par un bruit de pas pressés sur le trottoir. dehors, et un tumulte de voix excitées. Quelque chose n'allait clairement pas ; et, pour ne pas le manquer, je me précipitai vers la porte donnant sur la rue de l'auberge.

Là, j'ai découvert mon hôte et mon hôtesse, soutenus par tout *le personnel* de leur établissement, bouche bée d'étonnement, tandis qu'un citoyen bavard leur déversait des nouvelles à l'oreille.

« Otto est mort », dit-il. « Il est mort à six heures. Et Conrad a été assassiné. Il était entre quatre et cinq heures cet après-midi. Un moine franciscain se présenta au Marmorhof et demanda une audience au prince. Le gardien, bien entendu, lui a refusé l'entrée ; mais il était déterminé, et enfin le chambellan du prince l'entendit. Le résultat fut qu'il écrivit un mot ou deux sur un morceau de papier, le scella avec de la cire et demanda qu'il puisse être remis immédiatement à Son Altesse, jurant qu'il contenait des informations de la plus haute importance pour son bien-être. Le chambellan remit son papier au prince, qui, aussitôt qu'il l'eut lu, prononça un grand serment et ordonna que le moine soit introduit en sa présence, et qu'ils soient laissés seuls ensemble. Plus d'une heure s'est écoulée. Un peu après six heures arriva la nouvelle de la mort du vieux duc. Un officier entra dans la chambre du prince pour le lui rapporter. Là, s'il vous plaît, il trouva Son Altesse étendue morte sur le sol, un couteau dans le cœur. Le moine avait disparu. Ils n'ont trouvé aucune trace de son sort. Le papier qu'il avait envoyé au prince avait également disparu. Mais, ce que la police considère comme un indice important, il avait laissé un autre papier, enroulé autour du manche du poignard, sur lequel était écrit, d'une main déguisée : « Au pays des aveugles, peut-être, les borgnes. les hommes sont rois, mais Conrad s'est contenté de plisser les yeux ! Et maintenant le grand point de tout cela est ceci : enfermée dans un appartement intérieur du Marmorhof , ils ont retrouvé la grande-duchesse héréditaire Mathilde, vivante et en bonne santé. Conrad la garde prisonnière depuis deux semaines.

Les nouvelles ainsi délivrées se sont avérées exactes. « Le duc est mort ! Vive la duchesse ! s'écria la population.

C'était comme un cher opéra sang-tonnerre à l'ancienne, et j'étais presque dans les coulisses. Mais oh, ce jeune moine violoniste hypocrite, Sébastien Roch ! Tenirait-il sa promesse, après cela, de me chercher ? La police aurait déployé des efforts diligents pour *le* retrouver, mais avec, jusqu'à présent, un succès médiocre.

Bien entendu, dès l'avènement du nouveau souverain, les imprimeries de la ville exposèrent à la vente les portraits de Son Altesse : photographies et chromolithographies ; vous avez payé votre argent et vous avez fait votre choix. Ceux-ci la représentaient comme une jeune femme légère, avec un visage délicat et intéressant, une bouche quelque peu sarcastique, une grande abondance de cheveux jaunâtres et, en contraste saisissant, une paire d'yeux sombres et brillants - en tout, un aspect pittoresque et agréable. , si ce n'est conventionnellement une belle personne. Je n'aurais jamais pu l'expliquer, mais il y avait quelque chose sur son visage qui m'ennuyait avec le sentiment de l'avoir déjà vu, même si j'étais sûr de ne jamais l'avoir vu. Cependant, au cours d'une quinzaine de jours, je l'ai vue, je l'ai aperçue alors qu'elle traversait la Marktstrasse dans sa victoria , accompagnée de toutes sortes de fastes et de circonstances. Elle s'allongeait sur ses coussins, l'air pâle et intéressant, mais tristement ennuyée, et répondait par un sourire langoureux aux soulèvements de chapeau de ses sujets. Je la regardais attentivement, et j'éprouvais à nouveau cette sensation exaspérante de l'avoir vue quelque part — où ? — quand ? — dans quelles circonstances ? — auparavant.

IV

Une nuit, j'ai été réveillé de mon sommeil par un violent coup à ma porte.

"Qui est là?" ai-je demandé. "Quel est le problème?"

« Ouvrez, ouvrez au nom de la loi ! » commanda une voix de basse profonde.

"Bonté divine! quelle peut être la querelle maintenant ? Je me demandais.

"Ouvrez, ou on enfonce la porte", cria la voix.

"Tu dois vraiment me laisser le temps de mettre quelque chose", protestai-je en m'enveloppant précipitamment dans quelques vêtements.

Puis j'ai ouvert la porte.

sabres tirés . L'officier inclina légèrement la tête et dit : « Herr Veinricht , ich glaube ?

Ce n'était pas la voix que j'avais entendue à travers la porte, bourrue et semblable à un trombone, mais une voix beaucoup plus douce et beaucoup plus aiguë. D'une manière ou d'une autre, cela ne me semblait pas tout à fait la voix d'un étranger, et pourtant le visage d'un étranger était clairement un visage très fleuri, surmonté d'une pousse de cheveux roux courts et orné d'une moustache rouge hérissée. Ses yeux étaient surplombés de sourcils rouges touffus et, dans la lueur incertaine des bougies, je ne pouvais pas distinguer leur couleur .

"Oui, je suis Herr Veinricht ", admis-je, me résignant à cette version allemande de mon nom.

"Anglais?" » demanda-t-il sèchement.

"Non, pas anglais-américain."

« Macht des nuits ! Je vous arrête au nom de la Grande-Duchesse.

"Arrête moi! Aurez-vous la bonté de m'informer de quelle accusation ?

« Sous l'accusation de fréquentation de personnages dangereux et d'être ennemi de la tranquillité de l'État. Il vous fera plaisir de vous habiller le plus rapidement possible. Une voiture vous attend en bas.

"Bon dieu! ils m'ont en quelque sorte connecté à Sebastian Roch », gémis-je intérieurement. Et j'ai commencé à apporter certaines finitions à mes toilettes.

«Non, non», crie l'officier. « Vous devez mettre votre tailleur. Pouvez-vous être si ignorant de l'étiquette criminelle au point de ne pas savoir que les prisonniers d'État sont tenus de porter leurs grands costumes ?

«Cela semble un règlement absurde», dis-je, «mais je vais mettre mon tailleur.»

« Nous vous attendrons devant votre porte ; mais laissez-moi vous prévenir, si vous essayez de vous échapper par votre fenêtre, vous serez fusillé en cent endroits, dit l'officier et il se retira avec ses serviteurs.

Toute la population de l'hôtel se trouvait dans les couloirs que je devais bientôt parcourir avec mes gardiens, et ils nous suivirent jusqu'à la rue. Il y avait là une voiture fermée, avec quatre chevaux attachés, chaque cheval « proche » portant un postillon.

Trois autres chevaux, sellés, étaient attachés à des poteaux près de l'entrée de l'hôtel. C'est sur eux que les gendarmes sont montés.

« Veux-tu monter dans la voiture ? dit l'officier.

Mais mon esprit a pris les armes. « J'insiste pour savoir pourquoi je suis arrêté. Je veux comprendre la nature précise de l'accusation portée contre moi.

« Je ne suis pas magistrat. Voudriez-vous avoir la gentillesse de monter dans la voiture ?

"Oh, c'est carrément un scandale", ai-je déclaré avant de monter dans la voiture.

L'officier s'est précipité après moi, la porte a été claquée, les postillons ont crié après leurs chevaux, nous sommes partis, suivis par le cliquetis rythmé des gendarmes.

«J'aimerais comprendre le sens de tout cela, vous savez», ai-je informé mon ravisseur.

« Mon cher monsieur, vous ne commencez pas à apprécier les lieux. Un homme moins ignorant des modes militaires aurait reconnu depuis longtemps à mon habit que je suis grand prévôt.

« Eh bien, et alors ? Je suppose que vous êtes néanmoins en mesure de m'expliquer ma position.

« Position, monsieur ! C'est insignifiant. Mais je dois vous avertir que tout ce que vous direz sera retenu et, s'il est incriminant, utilisé contre vous.

« C'est une violation de la courtoisie internationale », dis-je.

"Oh, nous sommes les meilleurs amis du monde avec l'Angleterre", dit-il légèrement.

"Mais je suis américain, je voudrais que vous le sachiez."

« Macht des nuits !" a-t-il dit.

« Macht des nuits !" répétai-je avec colère. "Tu penses! Je porterai l'affaire à la connaissance de la Légation des États-Unis, et vous verrez.

"Comment? Et précipiter une guerre entre deux puissances amies ?

"Tu rigoles! mais qui rit le dernier rira le mieux, et je vous promets que le grand-duché de X... devra payer cette plaisanterie avec vengeance.

"Ce n'est pas la première fois que vous êtes arrêté dans ces domaines", dit-il sévèrement, "et je dois vous rappeler que le crime de lèse-majesté est une affaire de pendaison."

«Lèse-majesté!» Répétai-je, à moitié méprisant, à moitié terrorisé.

" Ouais wohl , mein Herr, répondit-il. "Mais après tout, j'obéis simplement aux ordres", a-t-il ajouté avec une inflexion presque désolée.

Où avais-je déjà entendu parler de cette curieuse voix douce ? Une voix si douce que son allemand ressemblait presque à de l'italien.

Pendant ce temps, nous avions traversé la ville, dépassé les murs et pénétré dans la campagne.

« Vous me conduisez peut-être à la frontière ? » suggérai-je, tirant un certain soulagement de cette fantaisie.

"Oh, pas jusqu'à présent, espérons-le", répondit-il avec ce qui me frappa comme un rire réprimé.

"Loin?" J'ai pleuré. « Pouvez-vous utiliser ce mot en parlant d'un mouchoir de poche ?

«C'est petit, mais c'est pittoresque, c'est peignable», dit-il. « Et de plus, à chaque syllabe que vous prononcez contre cela, vous tissez un fil dans votre licou et enfoncez un clou dans votre cercueil. Le suicide est imprudent, pour ne pas dire immoral.

"Si je pouvais vous rencontrer sur un pied d'égalité", m'écriai-je, "je vous paierais votre dérision par une bonne raclée anglo-saxonne."

« Oh, un cœur de tigre enveloppé dans une peau de peintre », rétorqua-t-il en riant aux éclats.

Nous roulâmes en silence pendant peut-être encore un quart d'heure ; puis enfin les sabots de nos chevaux résonnèrent sur la pierre, et nous nous arrêtâmes. Mon officier descendit de voiture ; Je l'ai suivi. Nous nous trouvions sous une voûte massive éclairée par une lanterne suspendue. Devant une petite porte percée dans le mur de pierre qui nous faisait face, une sentinelle était postée, son fusil présenté en guise de salut.

Les trois gendarmes sautèrent de leur selle.

« Adieu, Herr Veinricht », dit le grand prévôt. "J'ai apprécié notre promenade ensemble plus que je ne peux vous le dire." Puis se tournant vers ses subordonnés : « Conduisez ce monsieur dans la chambre de la Tour », ordonna-t-il.

L'un des gendarmes me précédant, les deux autres venant derrière, je fus conduit dans un escalier tournant en pierre, dans une grande salle de forme octogonale.

La pièce était éclairée par d'innombrables bougies disposées dans des appliques autour des murs. Elle était confortablement, voire richement meublée, et décorée avec beaucoup de goût. Un tapis persan aux couleurs chaudes recouvrait le sol en pierre ; des livres, des images, des bibelots étaient dispersés avec discernement ; et dans un coin se trouvait un piano à queue ouvert, sur lequel reposait un violon et un archet.

Mes gendarmes s'inclinèrent en fermant la porte derrière eux avec un bruit menaçant .

« Si c'est ma cellule de donjon, pensai-je, je ne serai pas si mal à l'aise, après tout. Mais comme c'est absurde de leur part de me forcer à porter mon tailleur.

Je me jetai dans un fauteuil, enfouis mon visage dans mes mains et essayai de réfléchir à ma situation.

Je ne peux pas dire combien de temps s'est écoulé de cette façon ; peut-être vingt minutes ou une demi-heure. Puis, tout d'un coup, j'ai été dérangé par le bruit d'une légère petite toux derrière moi, un petit « hum » discret. J'ai levé les yeux rapidement. Une dame était entrée dans l'appartement et se tenait au milieu, souriante en contemplant mon attitude désespérée.

"Bonté divine!" J'ai haleté, mais pas de manière audible, alors que son visage devenait clair à ma vue surprise. « La Grande-Duchesse elle-même !

«Je suis heureuse de vous voir, M. Wainwright», commença Son Altesse en anglais. « X... est un petit endroit ennuyeux – oh, croyez-moi, le plus ennuyeux de sa taille dans la chrétienté – et on me dit que vous êtes un homme amusant. J'espère qu'ils disent la vérité.

Bien entendu, le lecteur l'a prévu dès le départ ; sinon pourquoi devrais-je le retenir avec cette anecdote ? Mais cela m'a frappé comme un coup de foudre ; et dans mon émotion je m'oubliai et m'écriai à haute voix : « Sébastien Roch ! Le visage de la Grande-Duchesse m'avait hanté avec un sentiment de familiarité ; la voix de mon officier roux dans la voiture ne m'avait pas paru étrange ; mais maintenant que je voyais le visage et que j'entendais la voix à la fois, tout était clair : « Sébastien Roch !

"Vous avez dit--?" » questionna la gracieuse dame en arquant les yeux.

« Rien, madame. J'étais sur le point de remercier Votre Altesse pour sa gentillesse, mais... »

« Mais votre esprit a vagabondé et vous avez fait une observation militaire sans rapport avec un bastion rocheux. C'est peut-être une aphasie.

"Très probablement", ai-je acquiescé.

"Mais vous êtes un homme d' honneur , n'est-ce pas ?"

"Je l'espère."

« Les Anglais le sont généralement. On peut garder un secret d'État ,
surtout quand on l'apprend par une sorte de hasard, n'est-ce pas ?

"Je suis un tombeau pour de telles choses, madame."

« C'est bien. Et puis, il faut considérer que tout homicide n'est pas un
meurtre. Parfois, on est poussé à tuer pour se défendre .

"Je n'en doute pas."

«Je suis seulement désolé que cela se soit produit, tout s'est produit avant
que vous ne le voyiez. Son regard était rare ; cela aurait plu à votre sens de
l'humour . X... est la petite principauté la plus ennuyeuse, poursuivit-elle, oh,
mais ennuyeuse, ennuyeuse, ennuyeuse ! Je suis parfois contraint, par
désespoir, de faire de petites plaisanteries. Et pourtant, vous êtes restés ici
cinq semaines. Il faut bien, comme on dit, que le peuple anglais prenne ses
plaisirs avec tristesse. Vous êtes peintre, me dit-on.

"Oui votre Altesse; Je fais un changement dans la peinture.

« Et moi au violon. Mais il me manque un public averti. Je pense que tu
ferais mieux de peindre mon portrait. Je vais vous jouer du violon. Entre
temps, nous parlerons. Parfois, je peux vous le dire, je fume des cigarettes ; il
faut avoir une certaine excitation. On va essayer d'animer un peu les choses.
Pensez-vous que nous réussirons ?

"Oh, je ne devrais pas désespérer de le faire."

"C'est gentil de ta part. J'ai un grand chancelier des plus ridicules ; vous
pourriez en faire des caricatures. Et ma Première Dame de la Chambre a un
zézaiement absurde. J'espère que cela m'amusera.

Tout en parlant, elle tendit vers moi sa main gauche ; Je l'ai pris et j'étais
sur le point de le secouer amicalement.

"Non, non, pas ça", dit-elle. « Oh, j'oubliais, vous êtes américain et l'ABC
de l'étiquette à la cour est pour vous le sanskrit. Dois-je vous dire quoi faire
?

Pour faire court, je pensais que mes répliques m'étaient tombées dessus
dans des endroits extrêmement agréables ; et c'est effectivement ce qu'ils ont
fait – pendant un certain temps. J'ai passé un joyeux été à la cour de X...,
alternant entre la Résidence en ville et le Château hors les murs. J'ai fait bien
des études préliminaires pour le portrait de la princesse, pendant qu'elle jouait
du violon ; et entre temps, comme elle l'avait promis, nous parlions,
pratiquions l'étiquette de cour, fumions des cigarettes et riions du scandale.
Mais quand j'ai commencé la toile finale, j'ai au moins dû devenir un peu
sobre. Je voulais en faire un chef-d'œuvre. Nous eûmes deux ou trois séances,

pendant lesquelles je travaillais dans un silence sinistre, et la Grande-Duchesse bâillait.

Puis, une nuit, je fus de nouveau réveillé du milieu de mon sommeil, arrêté par un colonel de dragons, conduit dans une voiture fermée et conduit dehors dans l'obscurité. Lorsque notre voiture s'arrêta, nous nous trouvâmes dans le village autrichien de Z————, au-delà de la frontière X————. Là, le colonel von Schlangewurtzel me dit au revoir. En même temps , il m'a remis une lettre. Je me suis empressé de le déchirer. Sur une feuille de papier judiciaire, d'une jolie écriture féminine, j'ai lu ces mots.

« Tu as promis de m'amuser. Mais il semble que vous preniez votre drôle d'art britannique *au grand sérieux* . Nous avons de meilleurs portraitistes parmi nos indigènes ; et vous trouverez des modèles bon marché et en abondance chez Z————.

"Adieu!"

LA FIN

www.ingramcontent.com/pod-product-compliance
Lightning Source LLC
LaVergne TN
LVHW041747190726
843493LV00008B/2483